Inhalt

1. Vorüberlegungen

1.1 Mögliche positive Folgen für die Schülerinnen und Schüler

Unterschiedliche Sozialformen werden schon seit Jahrzehnten in der Schule praktiziert. Und im Laufe der pädagogischen Entwicklung geht die Öffnung des Unterrichts immer weiter. Dies hat eine positive Auswirkung auf viele unterschiedliche Bereiche.

Christa Troll / Evi Günther

Offener Unterricht im Fach Textilarbeit/Werken

Kopiervorlagen für Spiele und Lernzirkel

Illustrationen: Corina Beurenmeister

Unter Mitwirkung des Arbeitskreises „Freiarbeit im Fachunterricht Textilarbeit/Werken und Hauswirtschaft", Landkreis Traunstein: Hannelore Biefang, Elisabeth Engelhard, Herta Gschwind-Wieser, Adelheid Haag, Andrea Höck, Sabine Seiwald, Andrea Smidt, Christa Troll.

Auer Verlag GmbH

Gedruckt auf umweltbewusst gefertigtem,
chlorfrei gebleichtem und alterungsbeständigem Papier.

2. Auflage. 2002

Gesamtherstellung: Ludwig Auer GmbH, Donauwörth
ISBN 3-403-0**3064**-4

6 Falzen

Du benötigst: Stifte, Schere, Lineal, Kleber, Poppe

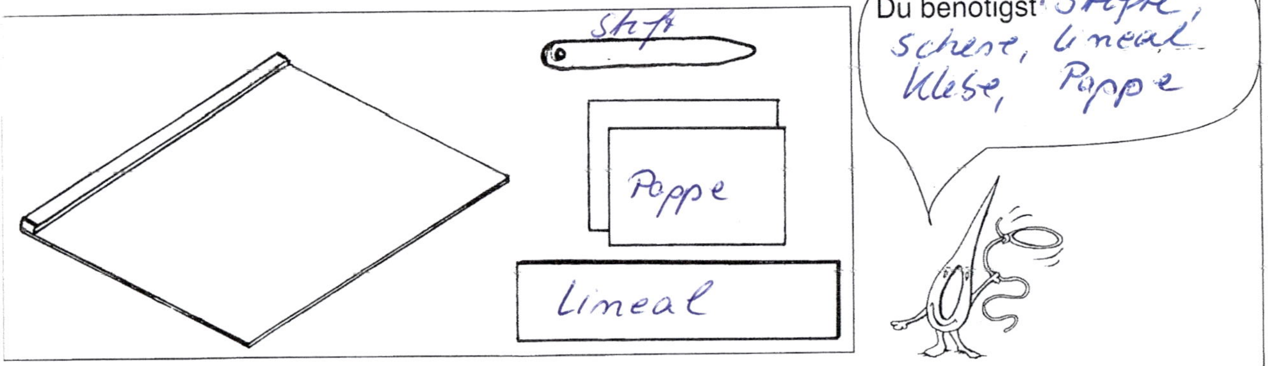

1.

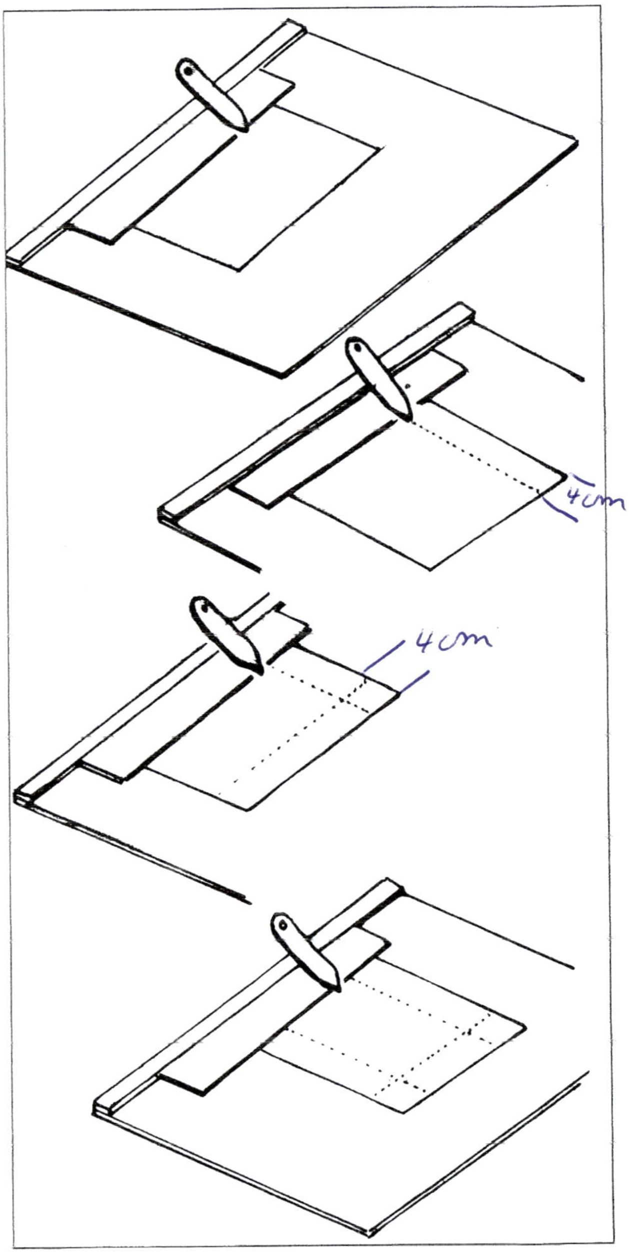

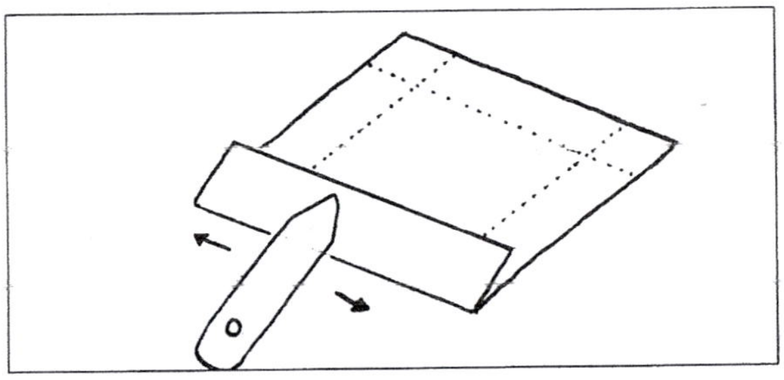

2. Falze alle gerillten Linien.

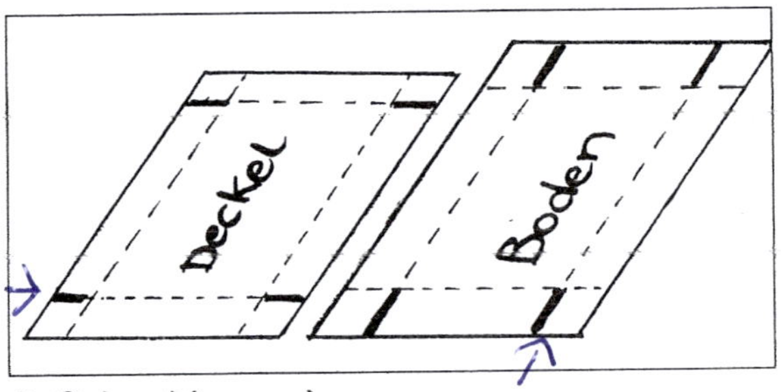

3. Schneide so ein.

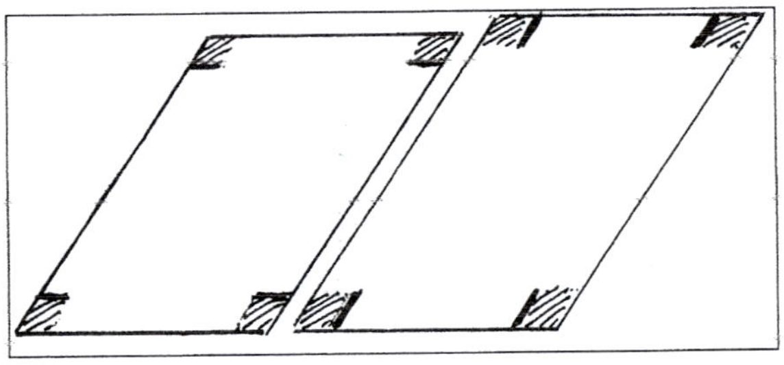

4. Trage den Klebstoff auf die Laschen der Schachtelaußenseite auf.

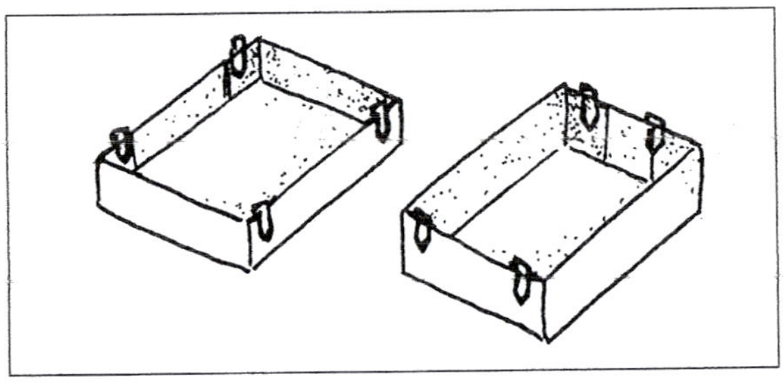

5. Benutze als Presshilfe Büroklammern.

1.2 Vorbereitung der offenen Unterrichtsphasen

Die individuelle Freiheit ist begrenzt durch den „Respekt für die Arbeit und Rücksichtnahme auf die Rechte anderer." *Maria Montessori*

Auch offene Unterrichtsphasen bedürfen einer gewissen Vorbereitung:

Äußere Bedingungen schaffen:

- genügend vorhandener Raum
- Vorbereitung des Arbeitsplatzes
- übersichtliche Anordnung der Materialien
- ausreichende Anzahl an Materialien, z. B. Spiele in mehrfacher Ausfertigung

Arbeitstechniken einüben:

- verschiedene Sozialformen
- Spielformen, z. B. Quartett, Domino
- eine begonnene Arbeit vollenden
- Präsentation von Lernergebnissen
- Selbstkontrolle von Arbeitsergebnissen

Arbeitsregeln einüben:

- Gesprächsregeln aufstellen, z. B. Lautstärke
- Ordnungsregeln aufstellen, z. B.: Der Schüler, der ein Arbeitsmaterial entnimmt, bringt es auch wieder zurück!
- Warten können ohne zu stören.

1.3 Beispiele für offenen Unterricht

Folgende Spiele und auch die Lernzirkel können in unterschiedlichen Unterrichtsphasen und mit unterschiedlicher Zielsetzung eingesetzt werden:

- Quartett
- Domino
- Memory
- Legespiele
- Lernzirkel

1.4 Praktische Tipps zur Erstellung von Unterrichtsmaterial

Sie können die Kopiervorlagen auf Kopierpapier, Fotokarton oder Tonpapier in verschiedenen Farben und Stärken kopieren. Empfehlenswert wäre ein Laminieren der Medien. Viele Schulen verfügen über einen Laminator zum Einschweißen von stark beanspruchten Papieren.
Sinnvoll ist es, z. B. bei einem Quartett, die ganze DIN-A4-Seite zu laminieren, bevor man das Blatt mit der Papierschneidemaschine in Spielkarten aufteilt.
Bei Spielen wie Quartett, Domino oder Memory ist es ratsam, sie in vierfacher Ausfertigung herzustellen, um sie z. B. als Gesamtzusammenfassung einsetzen zu können.

1.5 Probleme offener Unterrichtsformen im Fachunterricht

- Platzmangel
  - mehrere Kollegen in einem Fachraum
  - beengte Raumverhältnisse
- Zeitmangel
  - zeitaufwendige Unterrichtsvorbereitung
  - kurze Unterrichtszeit
- Mehrere Schulorte einer Fachlehrerin
- Vielzahl von Klassen als Fachlehrerin, einwöchiger Unterricht und dadurch eine geringere erziehliche Einflussnahme
- Schwierige Schüler
- Unterschiedliche Unterrichtsstile von Klass- und Fachlehrern
- Fehlende Einschulung von Arbeitstechniken durch Klasslehrer

Lassen Sie sich dadurch jedoch nicht entmutigen und wagen Sie eine Öffnung des Unterrichts! Ihren Schülerinnen und Schülern und Ihnen selbst wird der Unterrichtsalltag wieder viel mehr Spaß machen.

2. Spielmaterialien für den Bereich Textilarbeit/Werken

2.1 Gesellschaftsspiele als Lernspiele

2.1.1 Spielregeln

Meist bedarf es im Unterricht keiner großen Einführung der Spiele, da den Schülern die Regeln bekannt sind. Falls Sie selbst nicht zu solchen Spielernaturen gehören, hier eine kurze Erläuterung der Spielweisen.

Quartett

Alle Karten auf 3–6 Spieler verteilen. Ziel des Spieles ist es, 4 Karten eines Quartetts (siehe Bild) zu besitzen. Hat ein Spieler ein vollständiges Quartett, so legt er es offen auf den Tisch. Sieger ist der Spieler mit den meisten Quartetten.

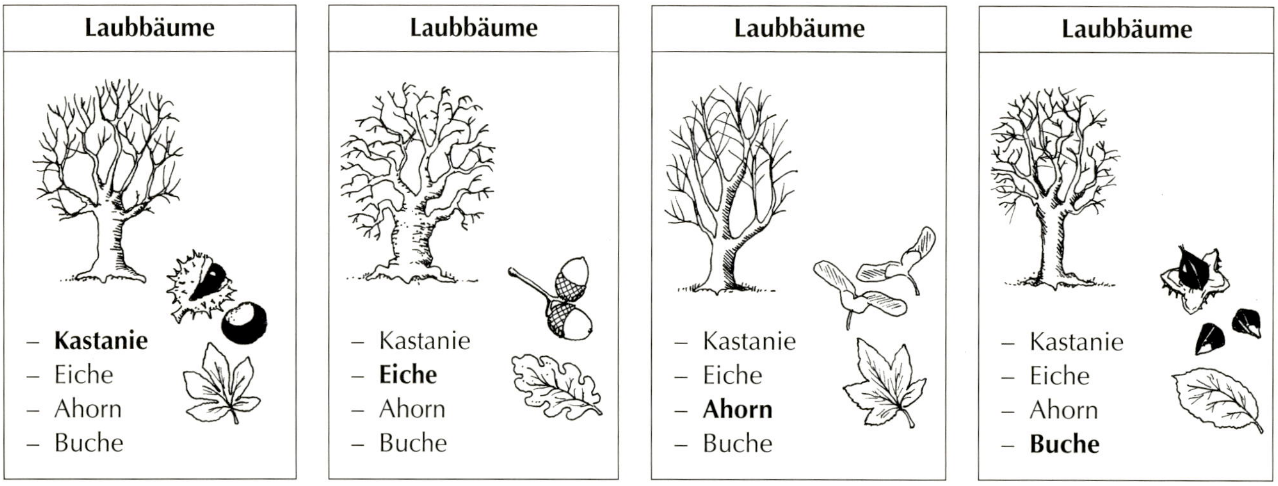

1. Spielvariante:

Jeder Spieler hält seine Karten verdeckt in der Hand. Im Uhrzeigersinn reichen alle gleichzeitig eine für sie unbrauchbare Karte an den Nachbarn weiter.

2. Spielvariante:

Ein Spieler kann einen beliebigen Mitspieler nach einer Karte, die ihm zu einem Quartett fehlt, fragen. Besitzt der gefragte Mitspieler diese Karte, muss er sie abgeben. Der erste Spieler darf so lange verschiedene Mitspieler weiterbefragen, bis er ein „Nein" erhält. Danach bekommt der zuletzt gefragte Mitspieler das Fragerecht.

Domino

Die Hälfte der Karten wird auf die Spieler verteilt. Die Spieler halten sie verdeckt in der Hand. Eine Karte wird offen auf den Tisch gelegt. Besitzt man das zugehörige Gegenstück (Bild-Wort, Wort-Bild), so legt man es an. Falls nicht, zieht man eine neue Karte vom Reststapel. Dann ist der nächste Spieler im Uhrzeigersinn an der Reihe. Der Spieler, der seine Karten zuerst alle angelegt hat, gewinnt.

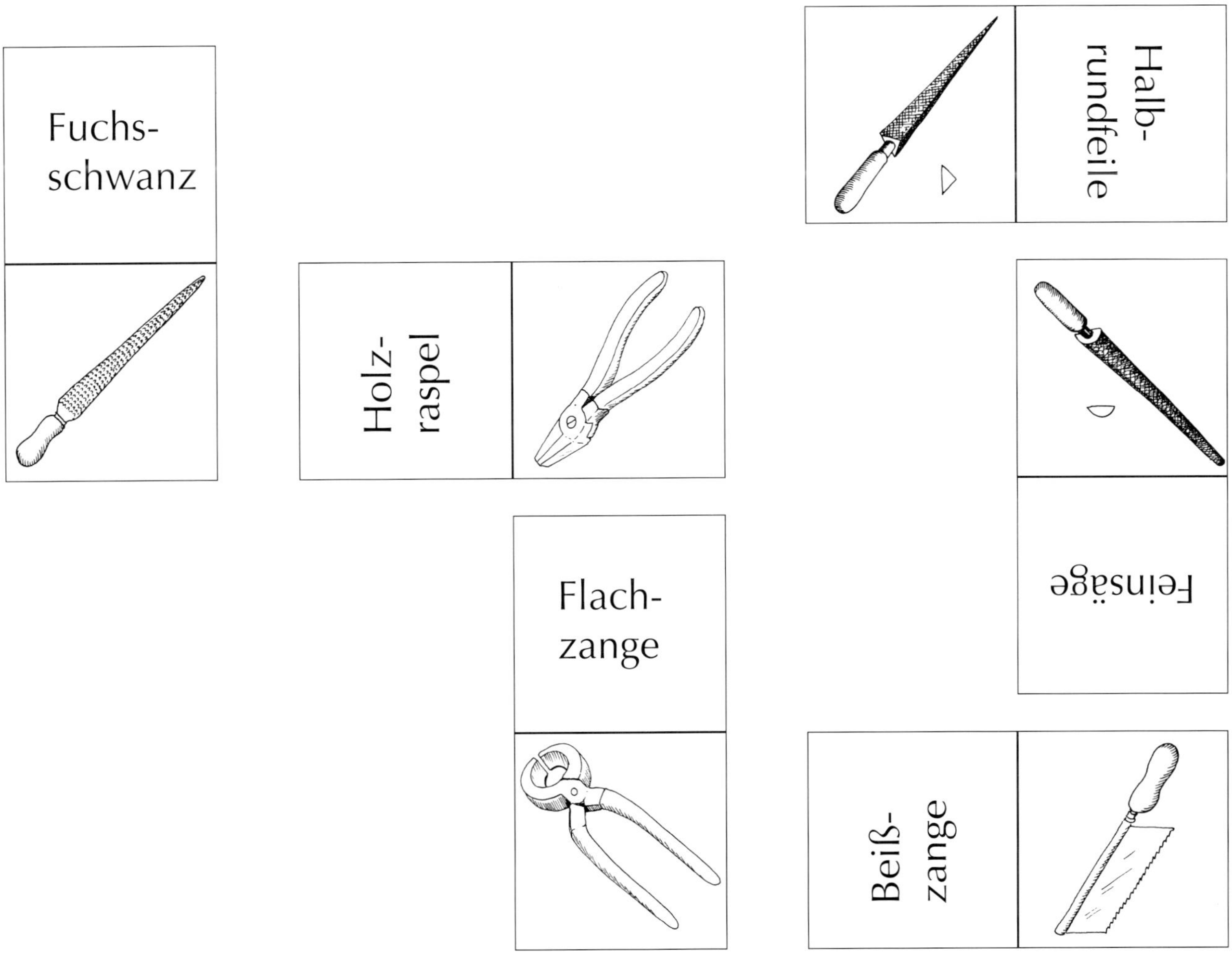

Memory

1. Spielvariante:

Alle Karten werden verdeckt auf den Tisch gelegt. Jeder Spieler darf nacheinander 2 Spielkarten aufdecken. Immer eine Wort- und eine Bildkarte ergeben ein Paar. Nicht zueinander passende Karten werden wieder verdeckt zurückgelegt. Die Spieler müssen sich die Platzierung der Karten merken. Gewinner ist der Spieler mit den meisten Paaren.

Diese Variante ist schwierig und sollte deshalb mit einer geringeren Kartenzahl gespielt werden.

2. Spielvariante:

Alle Karten liegen offen auf dem Tisch. Die Schüler versuchen die Wortkarten den Bildkarten zuzuordnen.

Saum	**Naht-zugabe**

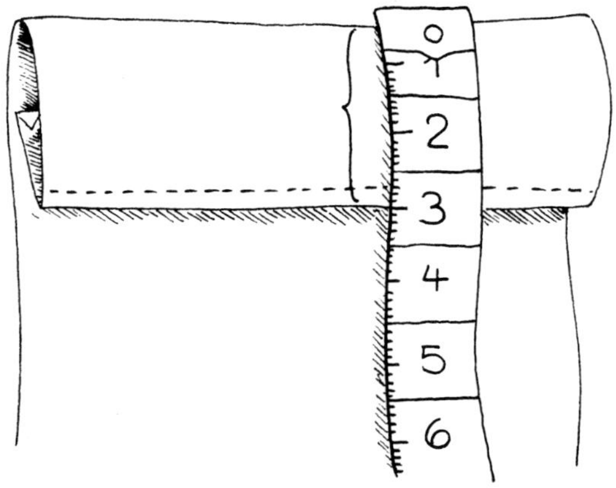

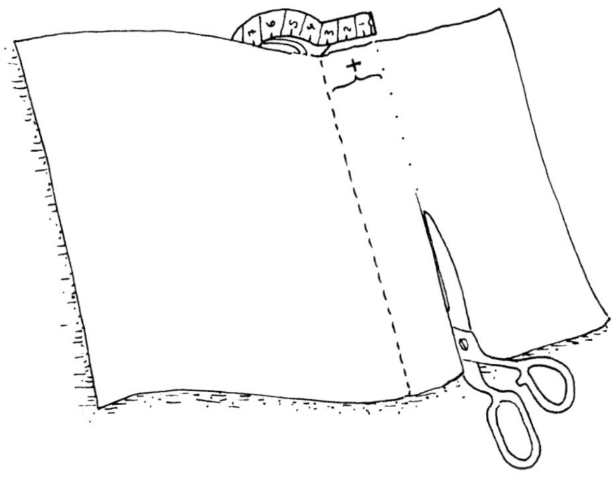

2.1.2 Quartett „Häkeln“

Häkelmaschen

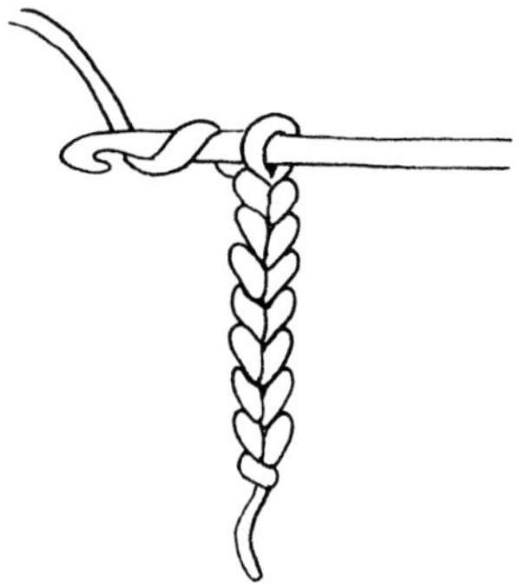

- **Luftmasche**
- feste Masche
- Stäbchen
- Doppelstäbchen

Häkelmaschen

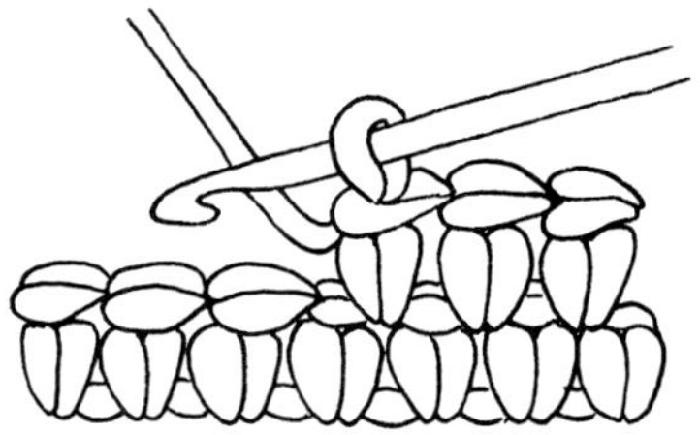

- Luftmasche
- **feste Masche**
- Stäbchen
- Doppelstäbchen

Häkelmaschen

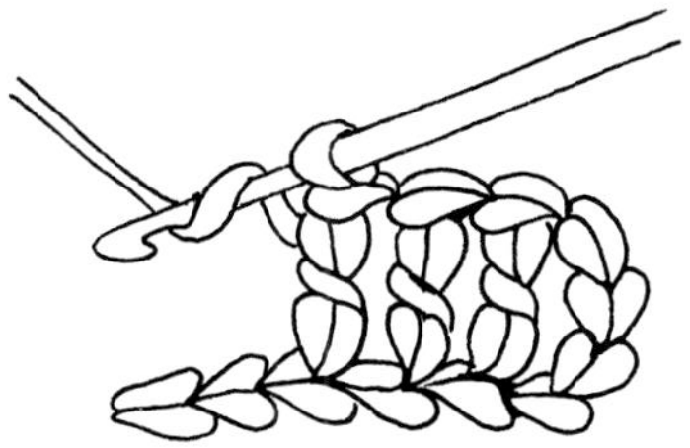

- Luftmasche
- feste Masche
- **Stäbchen**
- Doppelstäbchen

Häkelmaschen

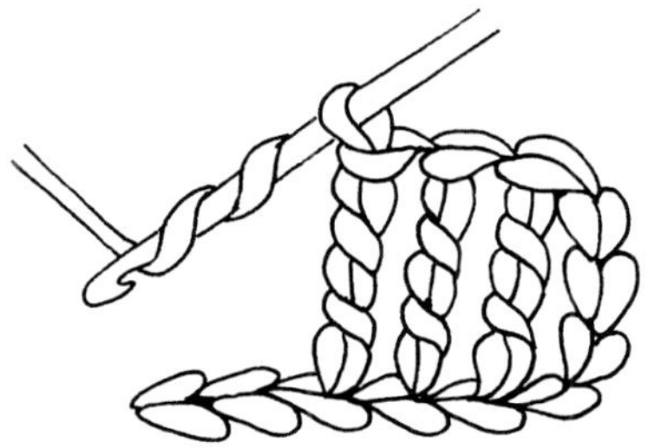

- Luftmasche
- feste Masche
- Stäbchen
- **Doppelstäbchen**

Feste Masche auf fester Masche

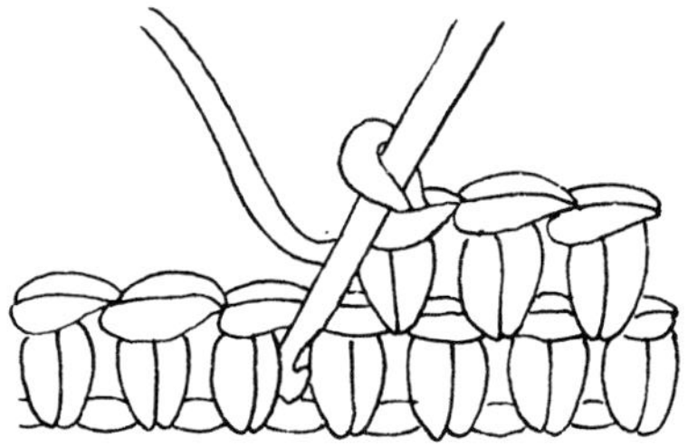

- **in das doppelte Maschenglied stechen**
- Faden holen, durchziehen
- Faden holen
- durch beide Maschen ziehen

Feste Masche auf fester Masche

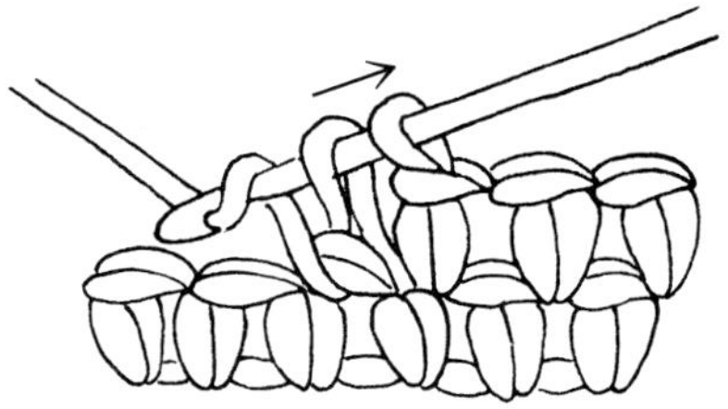

- in das doppelte Maschenglied stechen
- **Faden holen, durchziehen**
- Faden holen
- durch beide Maschen ziehen

Feste Masche auf fester Masche

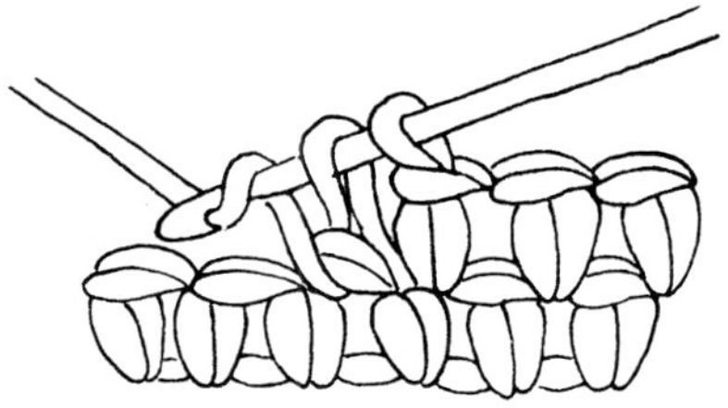

- in das doppelte Maschenglied stechen
- Faden holen, durchziehen
- **Faden holen**
- durch beide Maschen ziehen

Feste Masche auf fester Masche

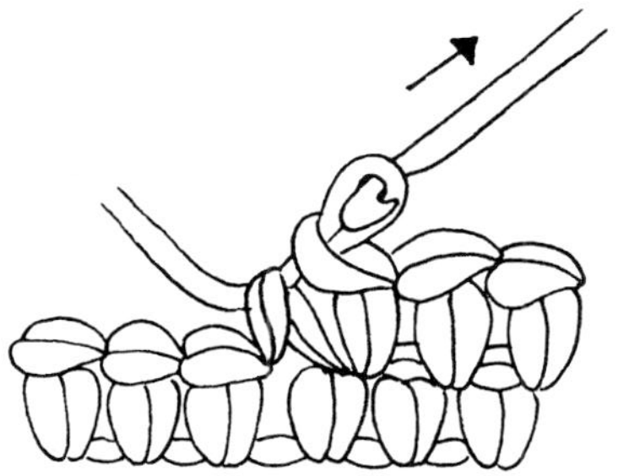

- in das doppelte Maschenglied stechen
- Faden holen, durchziehen
- Faden holen
- **durch beide Maschen ziehen**

Tipps zur Luftmasche

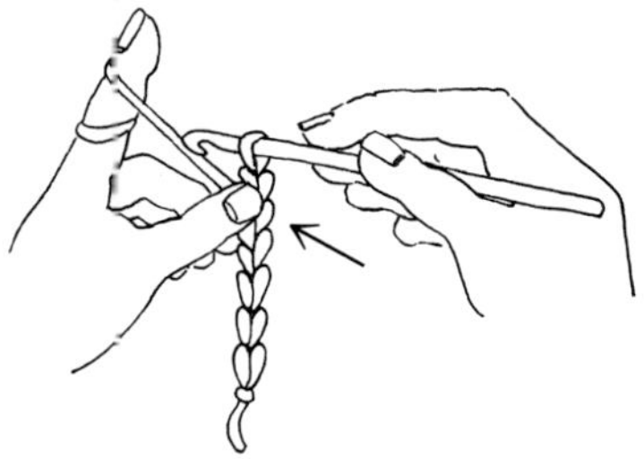

- **Daumen und Mittelfinger halten die Masche**
- immer zur letzten Masche aufrücken
- Zeigefinger regelt Maschengröße
- Zeigefinger ist senkrecht

Tipps zur Luftmasche

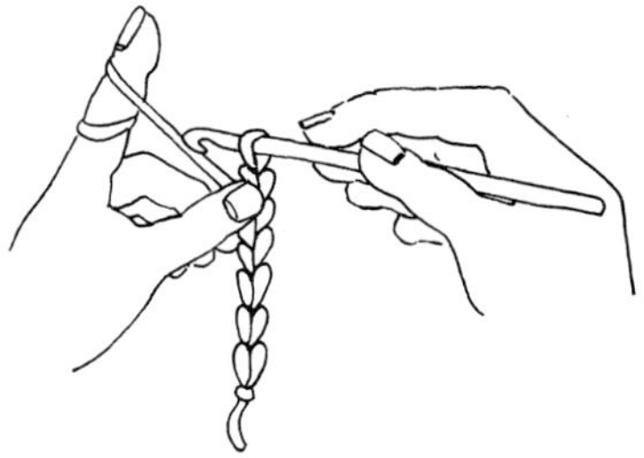

- Daumen und Mittelfinger halten die Masche
- **immer zur letzten Masche aufrücken**
- Zeigefinger regelt Maschengröße
- Zeigefinger ist senkrecht

Tipps zur Luftmasche

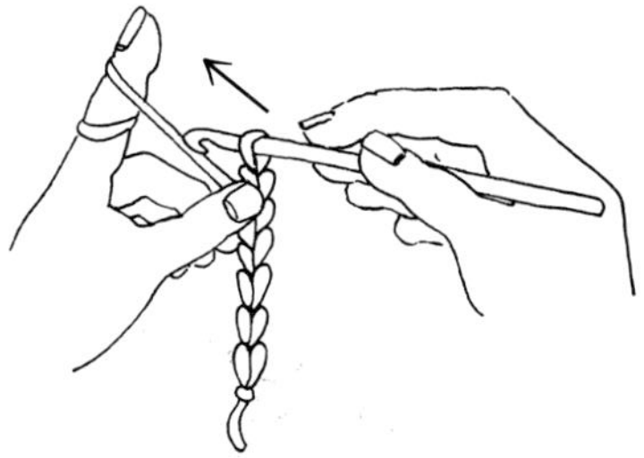

- Daumen und Mittelfinger halten die Masche
- immer zur letzten Masche aufrücken
- **Zeigefinger regelt Maschengröße**
- Zeigefinger ist senkrecht

Tipps zur Luftmasche

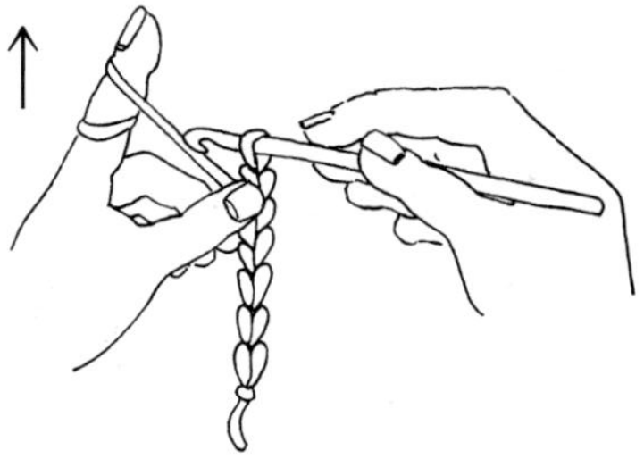

- Daumen und Mittelfinger halten die Masche
- immer zur letzten Masche aufrücken
- Zeigefinger regelt Maschengröße
- **Zeigefinger ist senkrecht**

Arbeitsweise Stäbchen

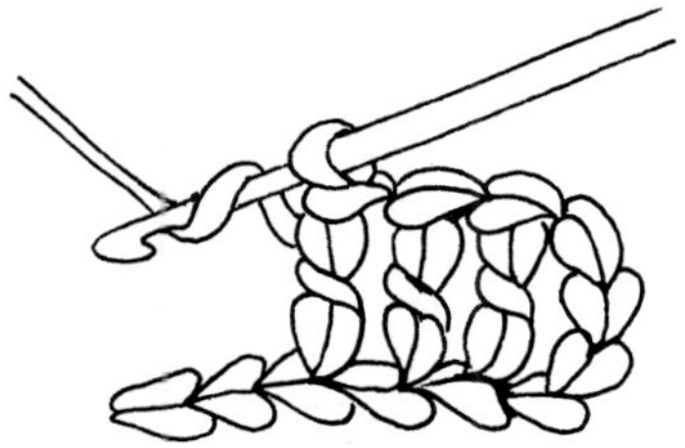

- **Faden holen**
- in die nächste Masche einstechen
- Faden holen, durchziehen
- Faden holen, zweimal durch 2 Maschen ziehen

Arbeitsweise Stäbchen

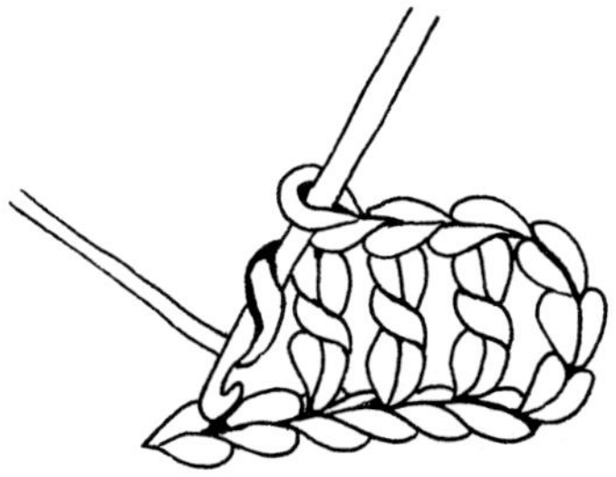

- Faden holen
- **in die nächste Masche einstechen**
- Faden holen, durchziehen
- Faden holen, zweimal durch 2 Maschen ziehen

Arbeitsweise Stäbchen

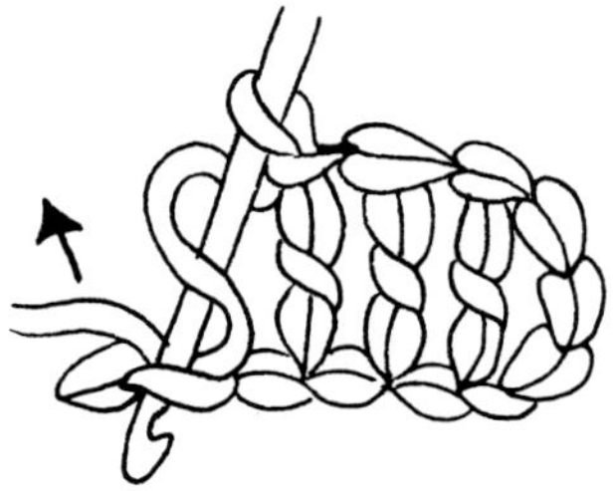

- Faden holen
- in die nächste Masche einstechen
- **Faden holen, durchziehen**
- Faden holen, zweimal durch 2 Maschen ziehen

Arbeitsweise Stäbchen

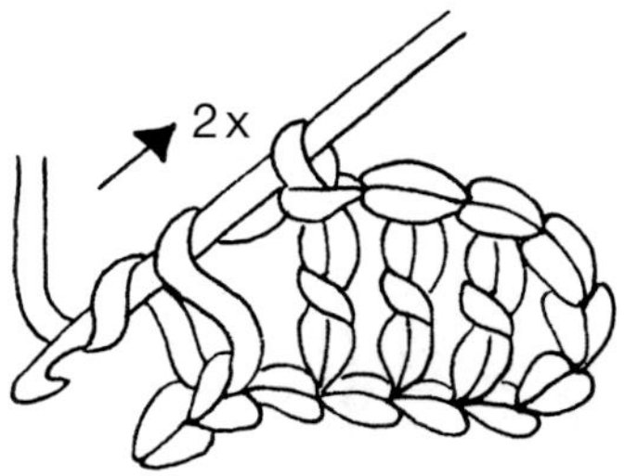

- Faden holen
- in die nächste Masche einstechen
- Faden holen, durchziehen
- **Faden holen, zweimal durch 2 Maschen ziehen**

Fehlermöglichkeiten

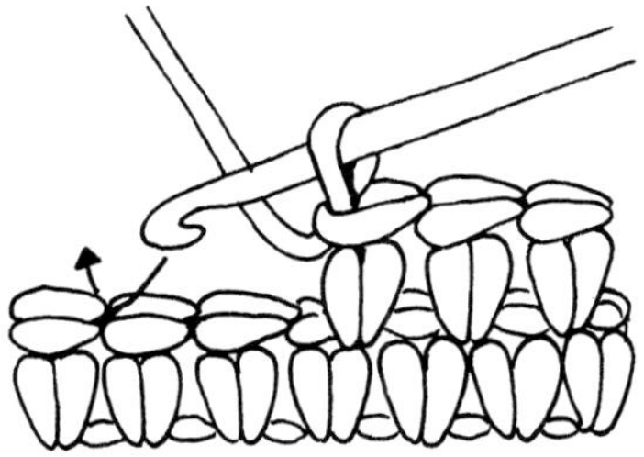

- **Masche auslassen**
- 2 Maschen in eine Masche häkeln
- zu fest/zu locker häkeln
- Masche aufspießen

Fehlermöglichkeiten

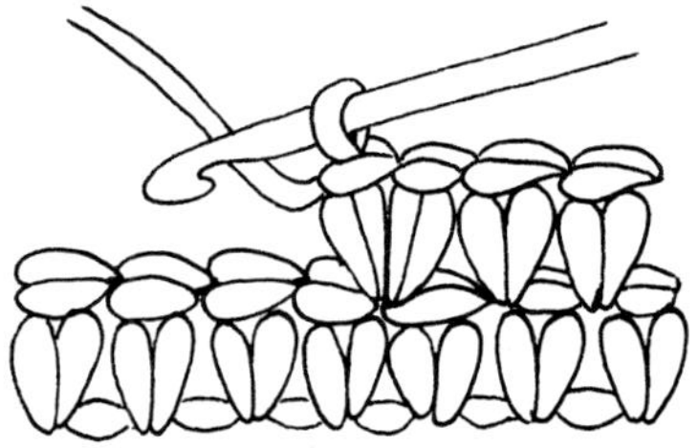

- Masche auslassen
- **2 Maschen in eine Masche häkeln**
- zu fest/zu locker häkeln
- Masche aufspießen

Fehlermöglichkeiten

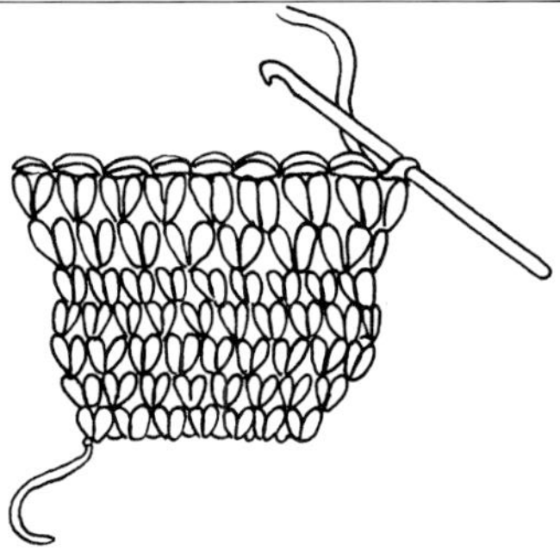

- Masche auslassen
- 2 Maschen in eine Masche häkeln
- **zu fest/zu locker häkeln**
- Masche aufspießen

Fehlermöglichkeiten

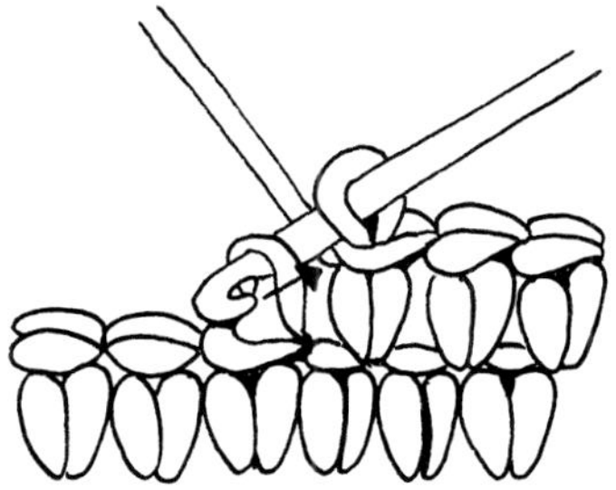

- Masche auslassen
- 2 Maschen in eine Masche häkeln
- zu fest/zu locker häkeln
- **Masche aufspießen**

Feste Masche auf einer Luftmaschenkette

- **LM-Kette liegt waagerecht**
- in das obere Maschenglied einstechen
- Faden holen, durchziehen
- Faden holen, durch beide Maschen ziehen

Feste Masche auf einer Luftmaschenkette

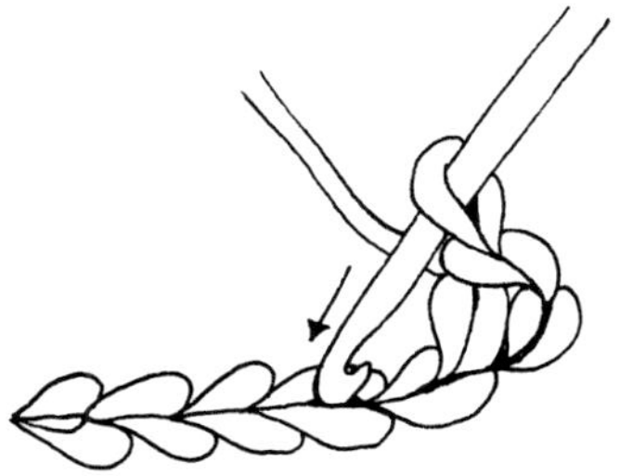

- LM-Kette liegt waagerecht
- **in das obere Maschenglied einstechen**
- Faden holen, durchziehen
- Faden holen, durch beide Maschen ziehen

Feste Masche auf einer Luftmaschenkette

- LM-Kette liegt waagerecht
- in das obere Maschenglied einstechen
- **Faden holen, durchziehen**
- Faden holen, durch beide Maschen ziehen

Feste Masche auf einer Luftmaschenkette

- LM-Kette liegt waagerecht
- in das obere Maschenglied einstechen
- Faden holen, durchziehen
- **Faden holen, durch beide Maschen ziehen**

Nadelhaltung

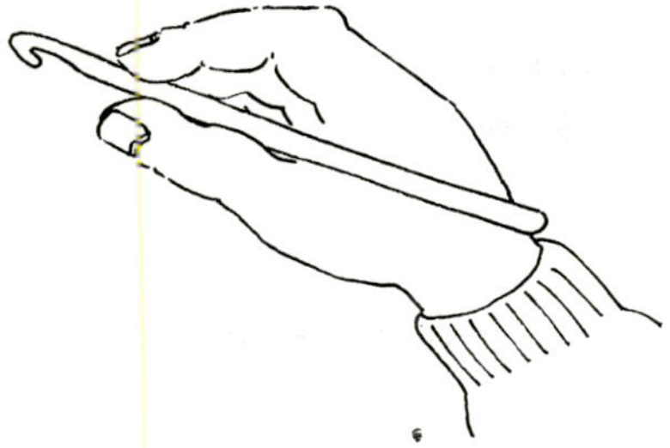

- **rechte Hand hält die Nadel**
- Haken zeigt nach unten
- vorne halten
- wie einen Stift halten

Nadelhaltung

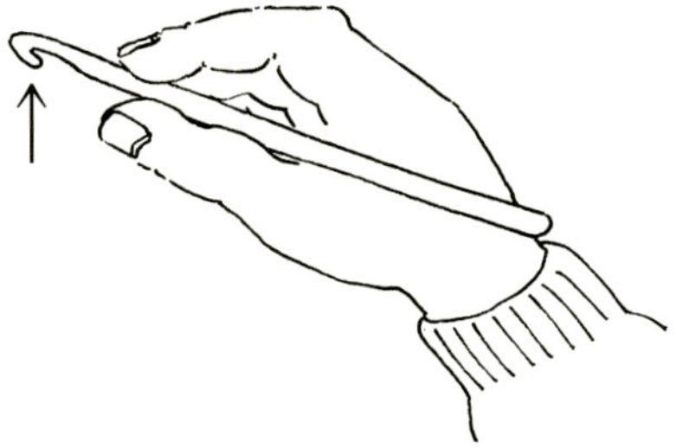

- rechte Hand hält die Nadel
- **Haken zeigt nach unten**
- vorne halten
- wie einen Stift halten

Nadelhaltung

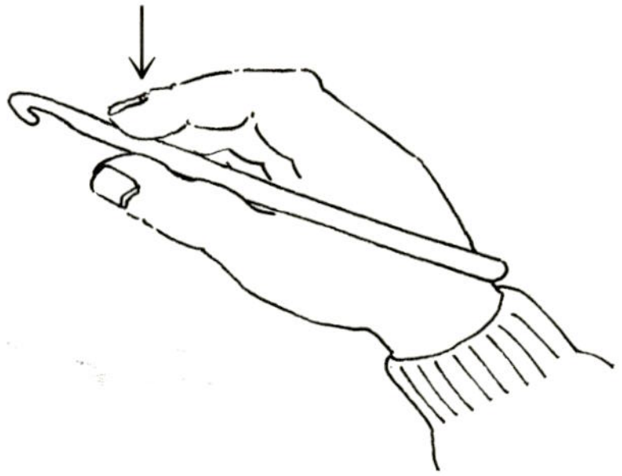

- rechte Hand hält die Nadel
- Haken zeigt nach unten
- **vorne halten**
- wie einen Stift halten

Nadelhaltung

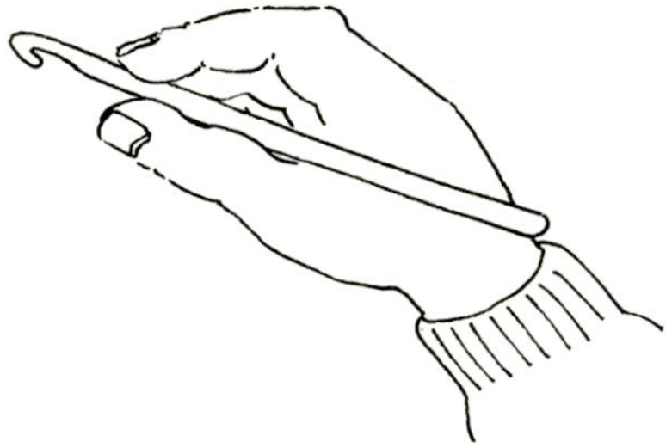

- rechte Hand hält die Nadel
- Haken zeigt nach unten
- vorne halten
- **wie einen Stift halten**

Häkelgegenstände

- **Spieltier**
- Säckchen
- Topflappen
- Fingerpüppchen

Häkelgegenstände

- Spieltier
- **Säckchen**
- Topflappen
- Fingerpüppchen

Häkelgegenstände

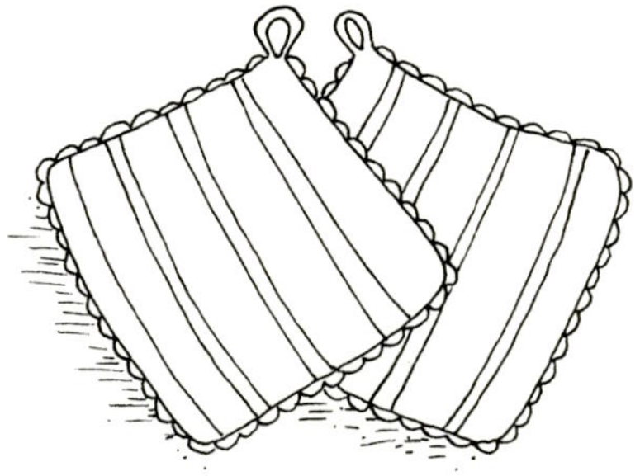

- Spieltier
- Säckchen
- **Topflappen**
- Fingerpüppchen

Häkelgegenstände

- Spieltier
- Säckchen
- Topflappen
- **Fingerpüppchen**

Arbeitsweise Anfangsmasche

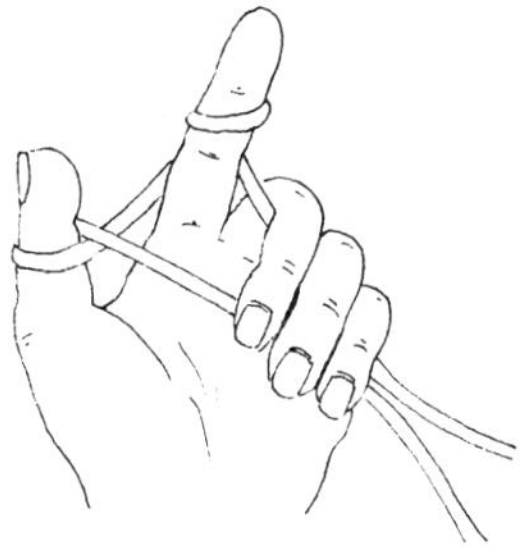

- **Faden auflegen**
- von unten in die Daumen-schlinge stechen
- Faden von unten holen
- durch die Daumenschlinge ziehen

Arbeitsweise Anfangsmasche

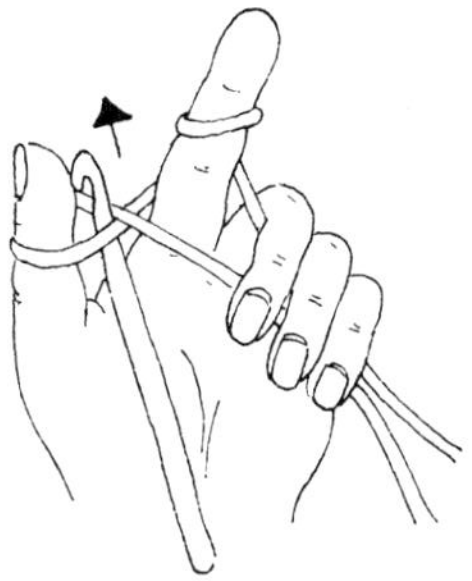

- Faden auflegen
- **von unten in die Daumen-schlinge stechen**
- Faden von unten holen
- durch die Daumenschlinge ziehen

Arbeitsweise Anfangsmasche

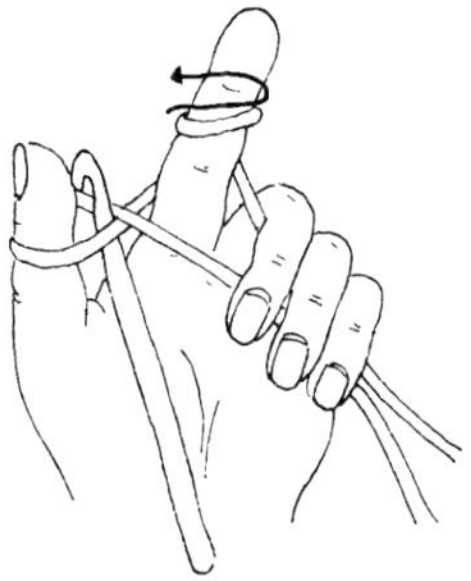

- Faden auflegen
- von unten in die Daumen-schlinge stechen
- **Faden von unten holen**
- durch die Daumenschlinge ziehen

Arbeitsweise Anfangsmasche

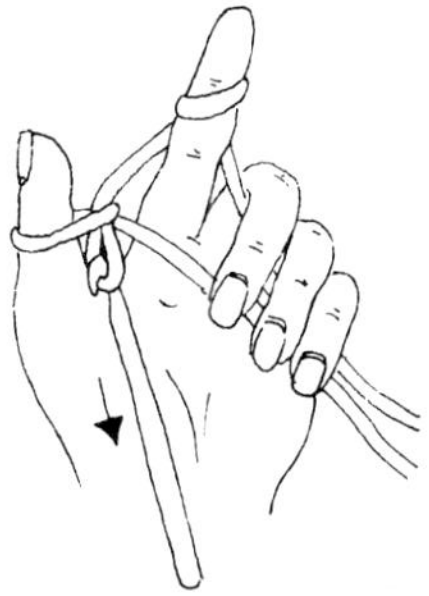

- Faden auflegen
- von unten in die Daumen-schlinge stechen
- Faden von unten holen
- **durch die Daumenschlinge ziehen**

2.1.3 Quartett „Sticken“

Teilstiche beim Kreuzstich

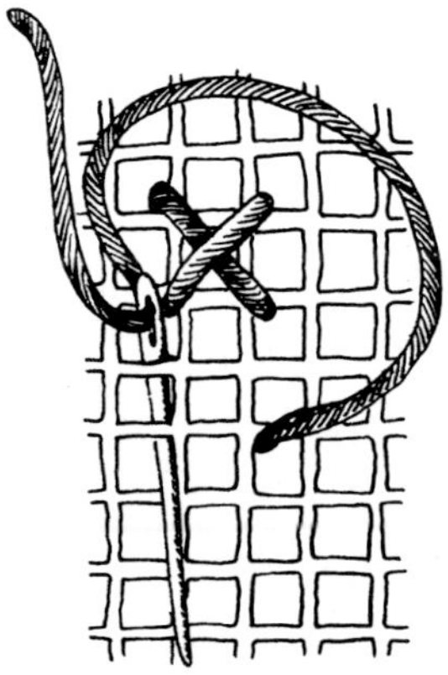

- **1. Teilstich** =
- Grundstich;
- 2. Teilstich =
- Deckstich

Teilstiche beim Kreuzstich

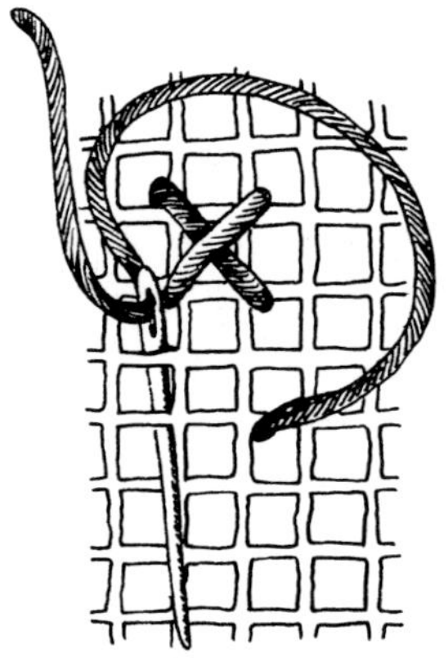

- 1. Teilstich =
- **Grundstich;**
- 2. Teilstich =
- Deckstich

Teilstiche beim Kreuzstich

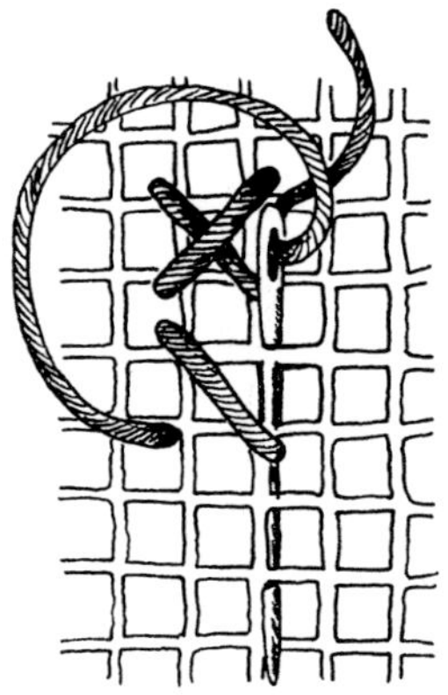

- 1. Teilstich =
- Grundstich;
- **2. Teilstich** =
- Deckstich

Teilstiche beim Kreuzstich

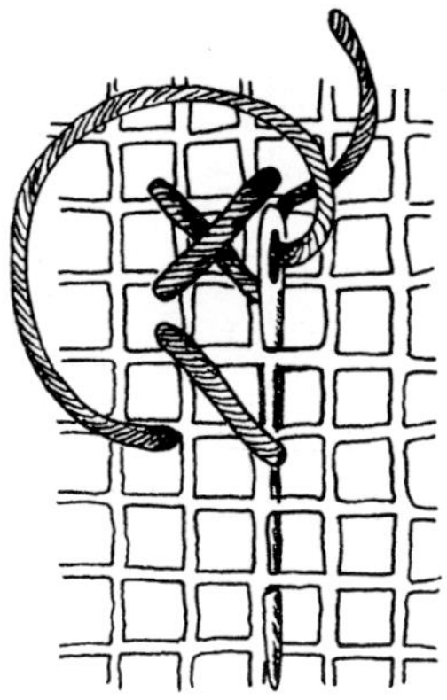

- 1. Teilstich =
- Grundstich;
- 2. Teilstich =
- **Deckstich**

Vernähen

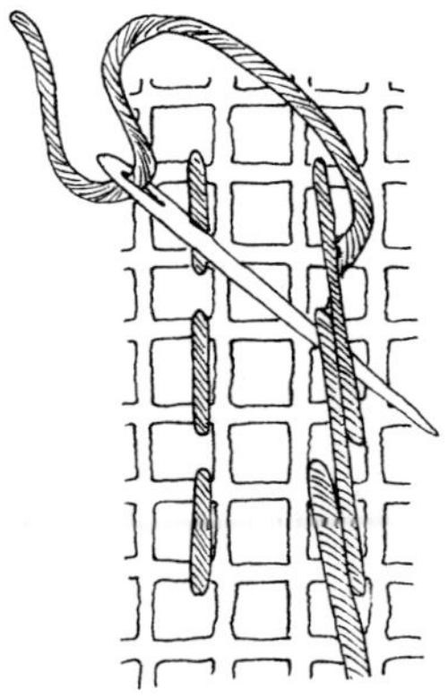

- **Auf der Rückseite**
- mit 6–8 Stichen vernähen.
- Beide Fäden
- kurz abschneiden.

Vernähen

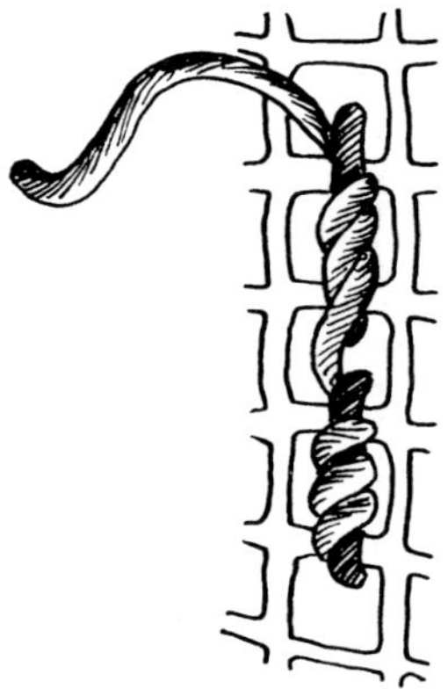

- Auf der Rückseite
- **mit 6–8 Stichen vernähen.**
- Beide Fäden
- kurz abschneiden.

Vernähen

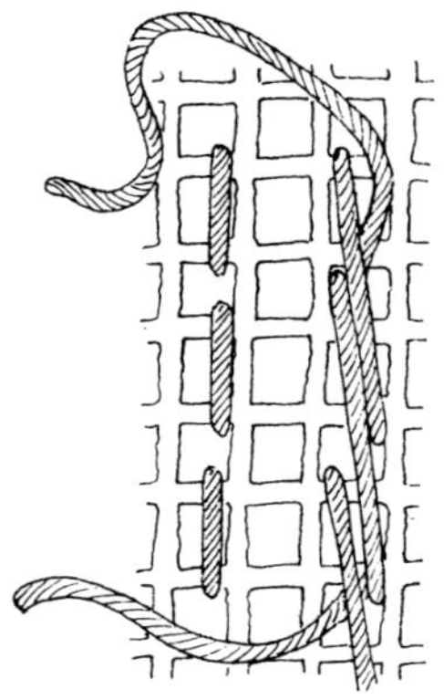

- Auf der Rückseite
- mit 6–8 Stichen vernähen.
- **Beide Fäden**
- kurz abschneiden.

Vernähen

- Auf der Rückseite
- mit 6–8 Stichen vernähen.
- Beide Fäden
- **kurz abschneiden.**

Sticharten

- **Steppstich**
- Schlingstich
- Stilstich
- Zickzackstich

Sticharten

- Steppstich
- **Schlingstich**
- Stilstich
- Zickzackstich

Sticharten

- Steppstich
- Schlingstich
- **Stilstich**
- Zickzackstich

Sticharten

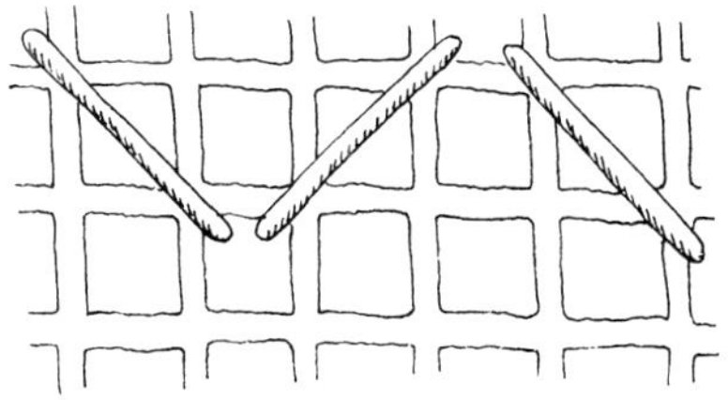

- Steppstich
- Schlingstich
- Stilstich
- **Zickzackstich**

Steckbrief des Steppstiches

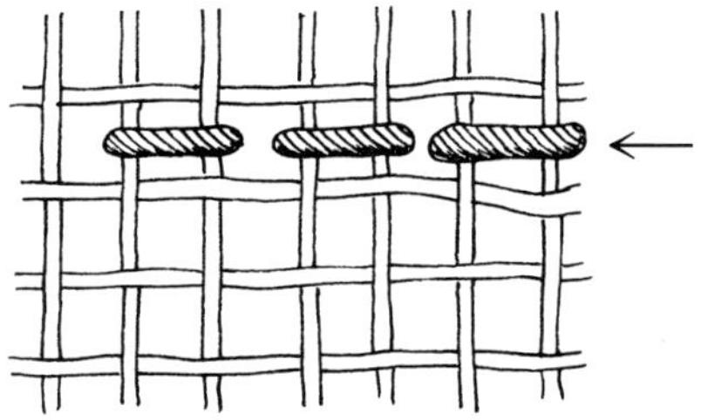

- **Höhe: 0 Fäden**
- Breite: 2 Fäden
- Abstand: keiner
- von rechts nach links arbeiten

Steckbrief des Steppstiches

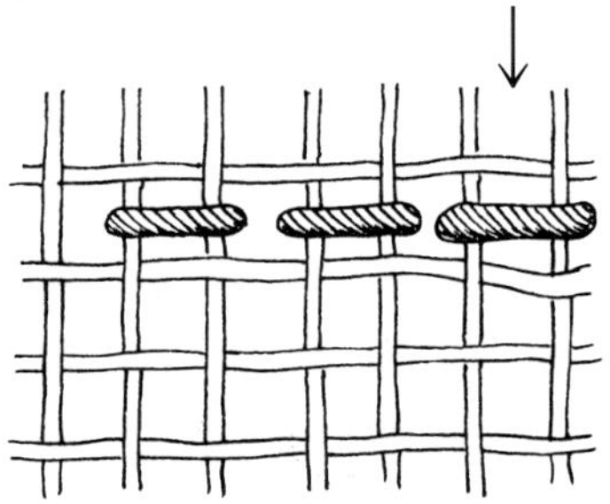

- Höhe: 0 Fäden
- **Breite: 2 Fäden**
- Abstand: keiner
- von rechts nach links arbeiten

Steckbrief des Steppstiches

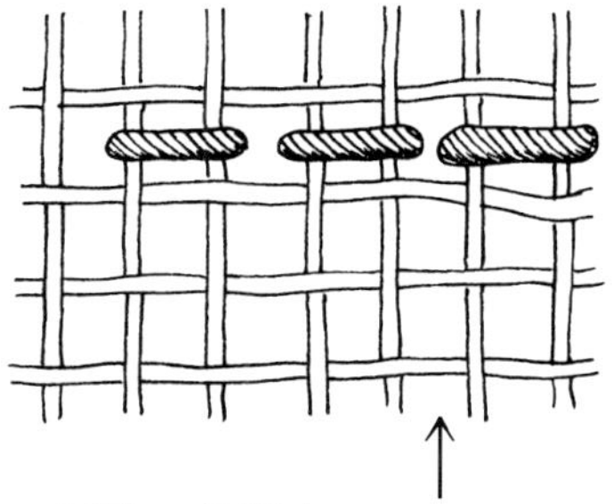

- Höhe: 0 Fäden
- Breite: 2 Fäden
- **Abstand: keiner**
- von rechts nach links arbeiten

Steckbrief des Steppstiches

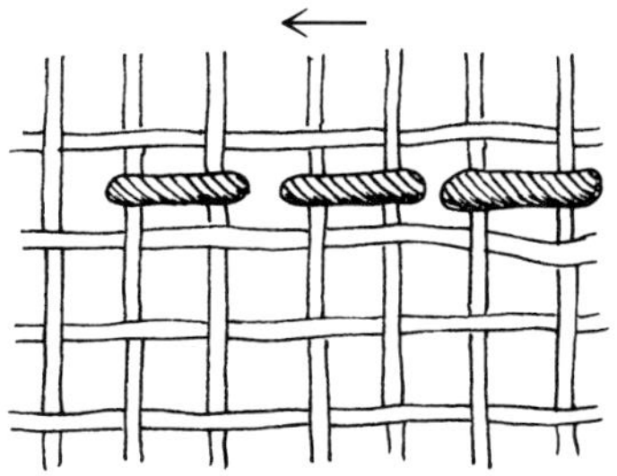

- Höhe: 0 Fäden
- Breite: 2 Fäden
- Abstand: keiner
- **von rechts nach links arbeiten**

Bestickte Gegenstände

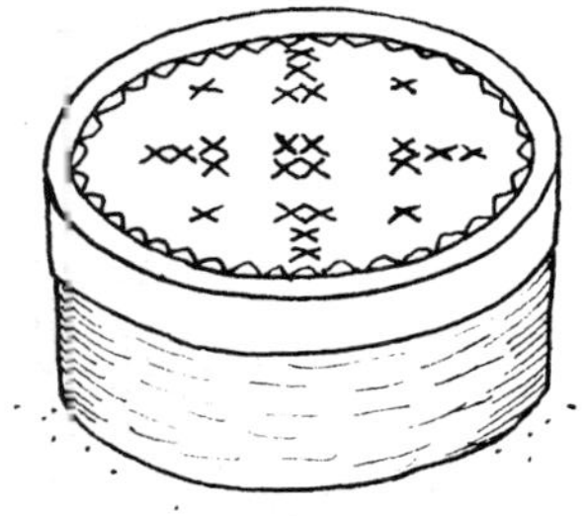

- **Spandose**
- Bild
- Tischdecke
- Kleidung

Bestickte Gegenstände

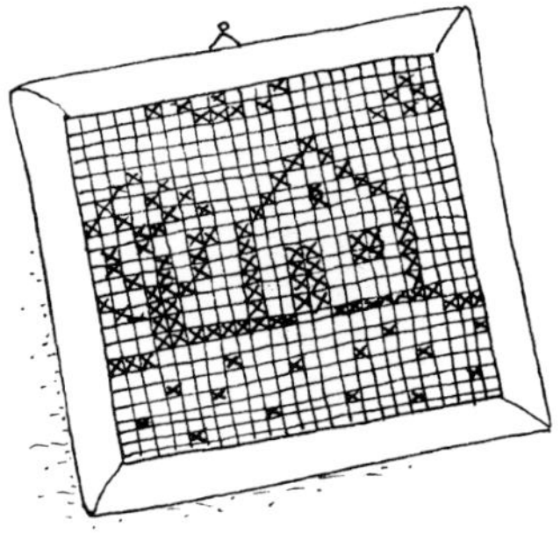

- Spandose
- **Bild**
- Tischdecke
- Kleidung

Bestickte Gegenstände

- Spandose
- Bild
- **Tischdecke**
- Kleidung

Bestickte Gegenstände

- Spandose
- Bild
- Tischdecke
- **Kleidung**

Tipps und Regeln

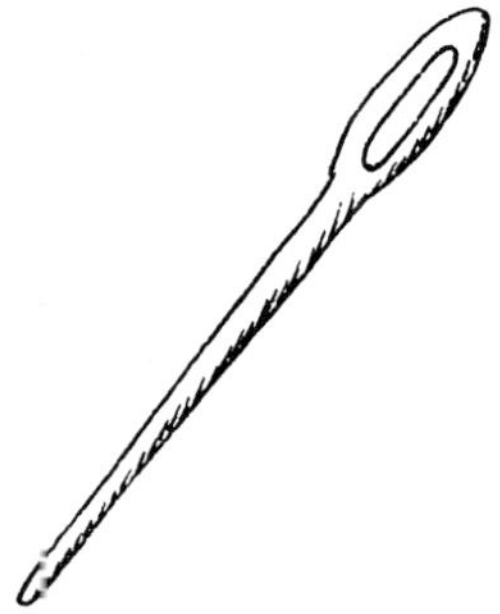

- **Sticknadel verwenden**
- genau zählen
- 2 Fäden vernähen
- gerade Arbeitshaltung

Tipps und Regeln

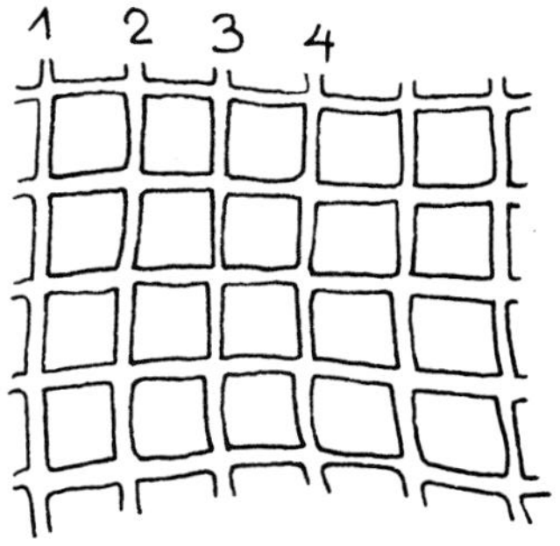

- Sticknadel verwenden
- **genau zählen**
- 2 Fäden vernähen
- gerade Arbeitshaltung

Tipps und Regeln

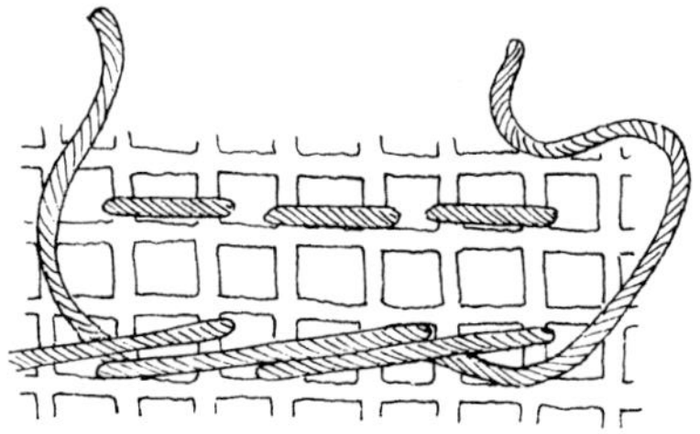

- Sticknadel verwenden
- genau zählen
- **2 Fäden vernähen**
- gerade Arbeitshaltung

Tipps und Regeln

- Sticknadel verwenden
- genau zählen
- 2 Fäden vernähen
- **gerade Arbeitshaltung**

Arbeitsschritte beim Sticken

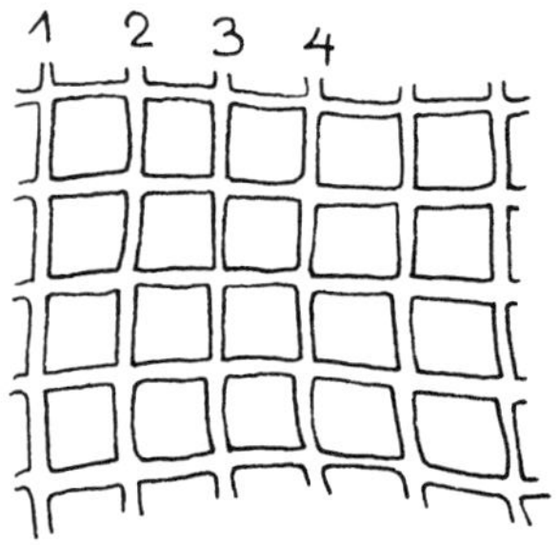

- **Fäden zählen**
- Einstechen
- Fäden auffassen
- Ausstechen

Arbeitsschritte beim Sticken

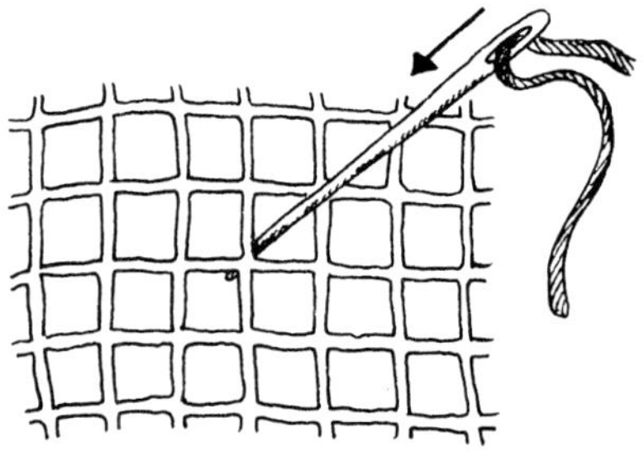

- Fäden zählen
- **Einstechen**
- Fäden auffassen
- Ausstechen

Arbeitsschritte beim Sticken

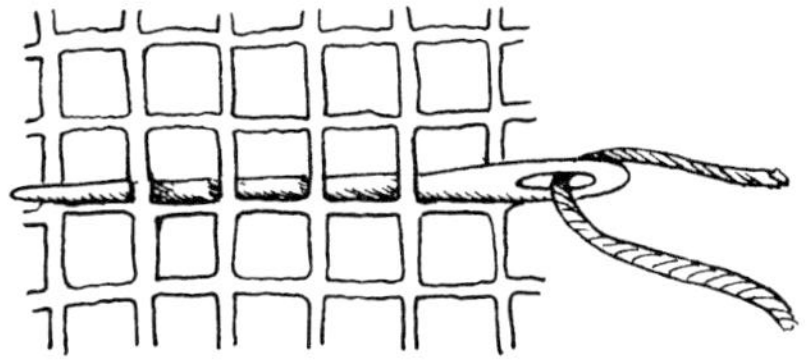

- Fäden zählen
- Einstechen
- **Fäden auffassen**
- Ausstechen

Arbeitsschritte beim Sticken

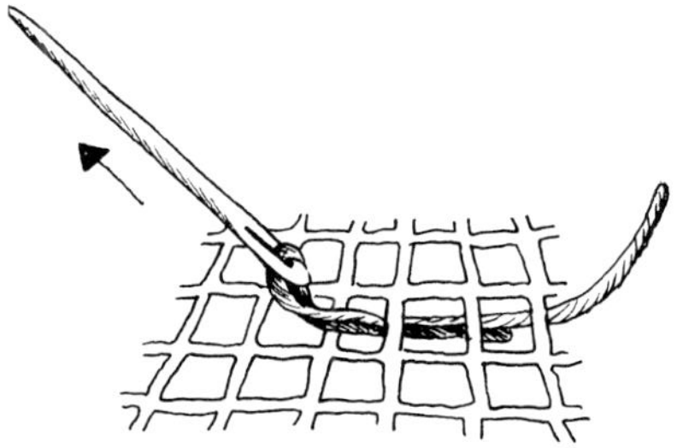

- Fäden zählen
- Einstechen
- Fäden auffassen
- **Ausstechen**

Material und Werkzeug

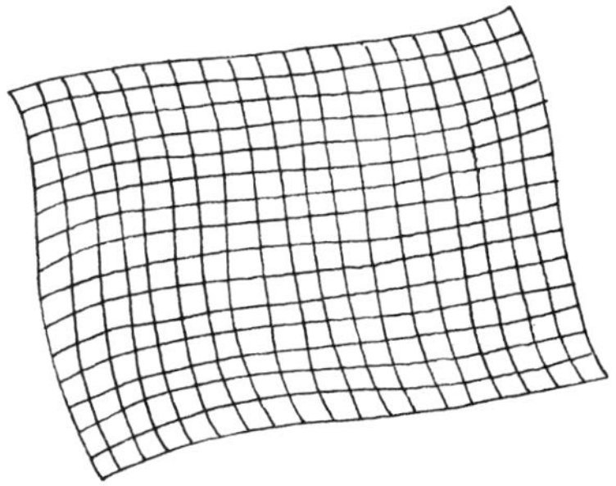

- **zählbarer Stoff**
- Nadel
- Stickgarn
- Schere

Material und Werkzeug

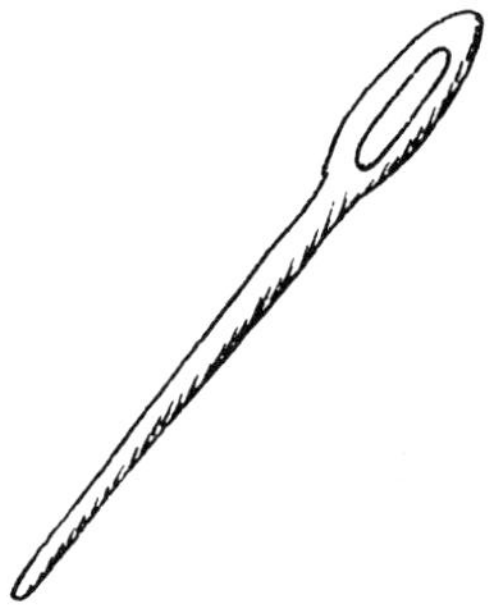

- zählbarer Stoff
- **Nadel**
- Stickgarn
- Schere

Material und Werkzeug

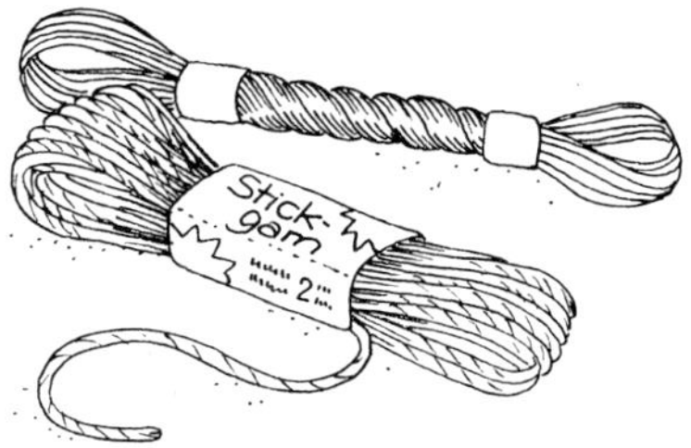

- zählbarer Stoff
- Nadel
- **Stickgarn**
- Schere

Material und Werkzeug

- zählbarer Stoff
- Nadel
- Stickgarn
- **Schere**

Steckbrief des Kreuzstiches

- **Höhe: 2 Fäden**
- Breite: 2 Fäden
- Abstand: 0 Fäden
- von rechts nach links arbeiten

Steckbrief des Kreuzstiches

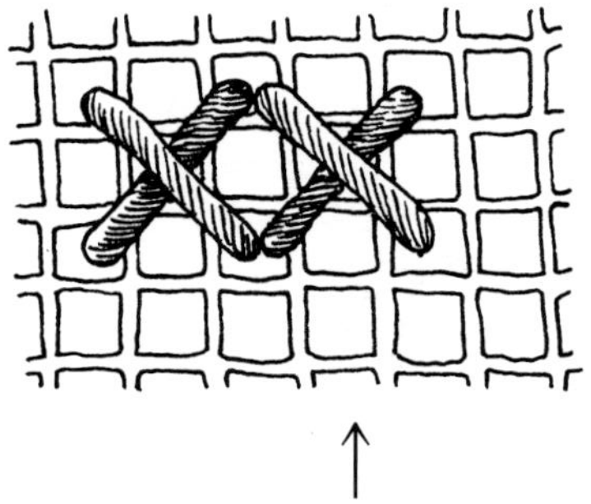

- Höhe: 2 Fäden
- **Breite: 2 Fäden**
- Abstand: 0 Fäden
- von rechts nach links arbeiten

Steckbrief des Kreuzstiches

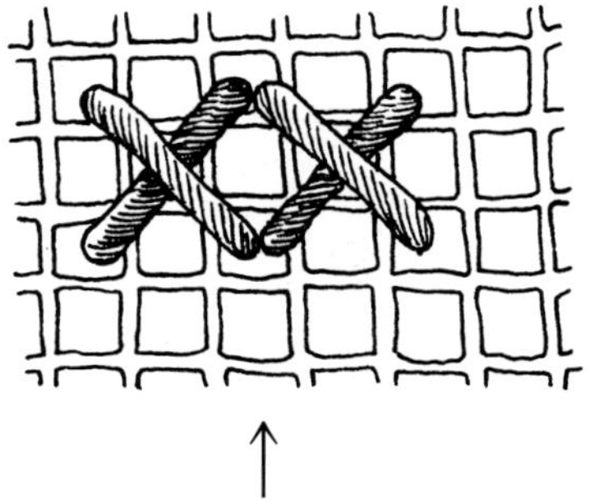

- Höhe: 2 Fäden
- Breite: 2 Fäden
- **Abstand: 0 Fäden**
- von rechts nach links arbeiten

Steckbrief des Kreuzstiches

- Höhe: 2 Fäden
- Breite: 2 Fäden
- Abstand: 0 Fäden
- **von rechts nach links arbeiten**

2.1.4 Quartett „Stricken“

Arbeitsweise rechte Masche

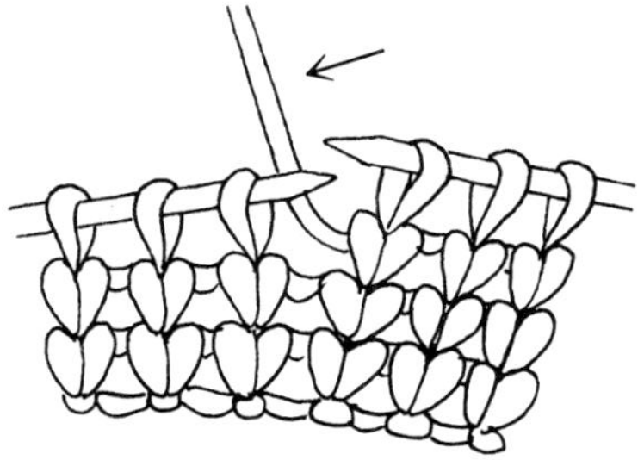

- **Faden ist hinten**
- von vorne nach hinten einstechen
- Faden von oben holen
- nach vorne durchziehen

Arbeitsweise rechte Masche

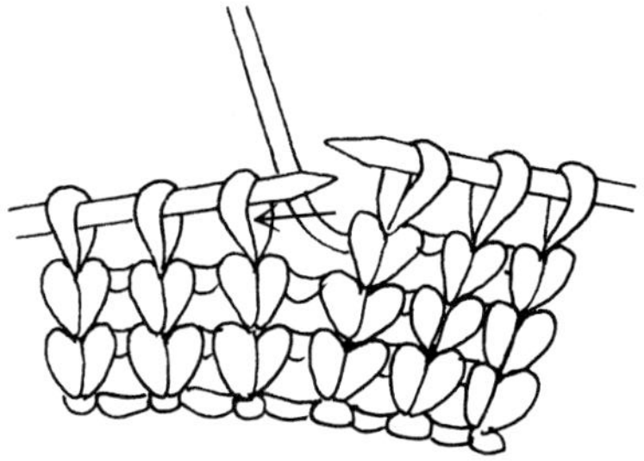

- Faden ist hinten
- **von vorne nach hinten einstechen**
- Faden von oben holen
- nach vorne durchziehen

Arbeitsweise rechte Masche

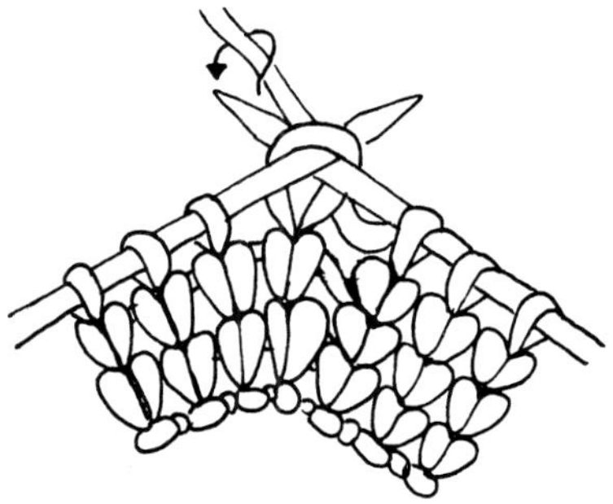

- Faden ist hinten
- von vorne nach hinten einstechen
- **Faden von oben holen**
- nach vorne durchziehen

Arbeitsweise rechte Masche

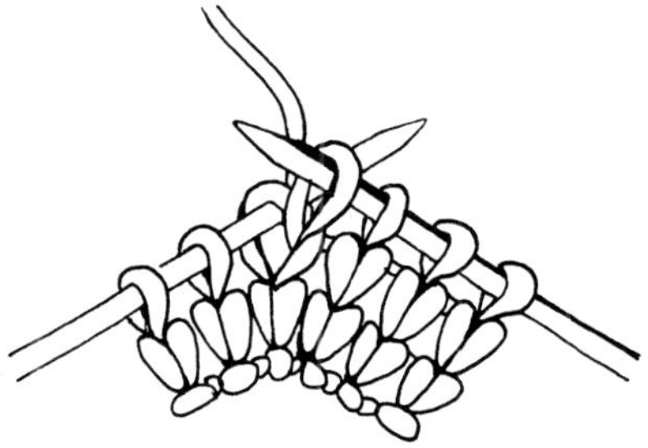

- Faden ist hinten
- von vorne nach hinten einstechen
- Faden von oben holen
- **nach vorne durchziehen**

Arbeitsweise linke Masche

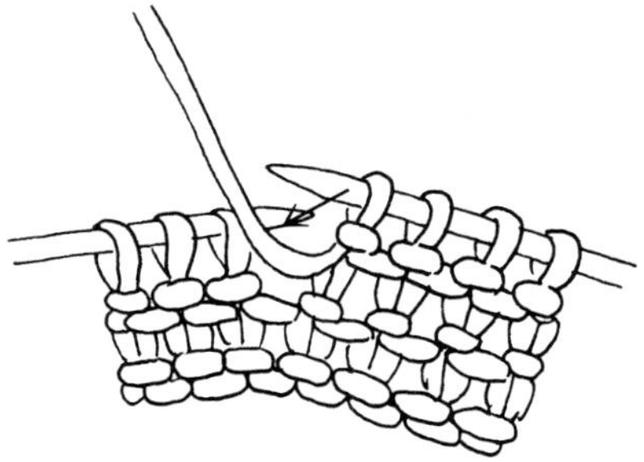

- **Faden ist vorne**
- von hinten nach vorne einstechen
- Faden von oben holen
- nach hinten durchziehen

Arbeitsweise linke Masche

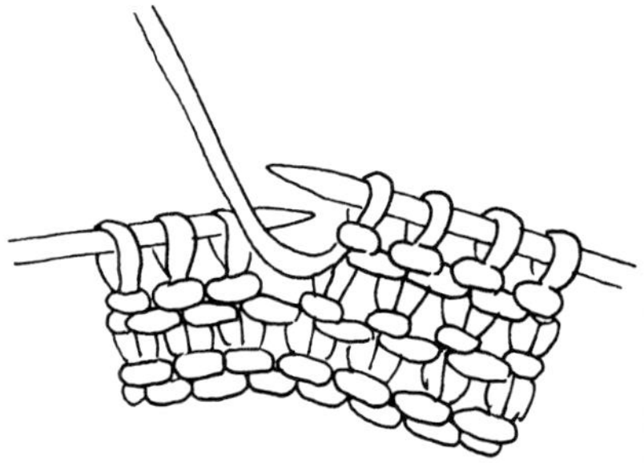

- Faden ist vorne
- **von hinten nach vorne einstechen**
- Faden von oben holen
- nach hinten durchziehen

Arbeitsweise linke Masche

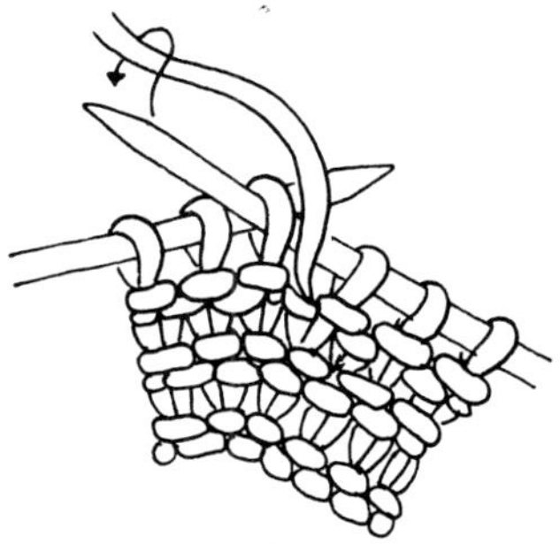

- Faden ist vorne
- von hinten nach vorne einstechen
- **Faden von oben holen**
- nach hinten durchziehen

Arbeitsweise linke Masche

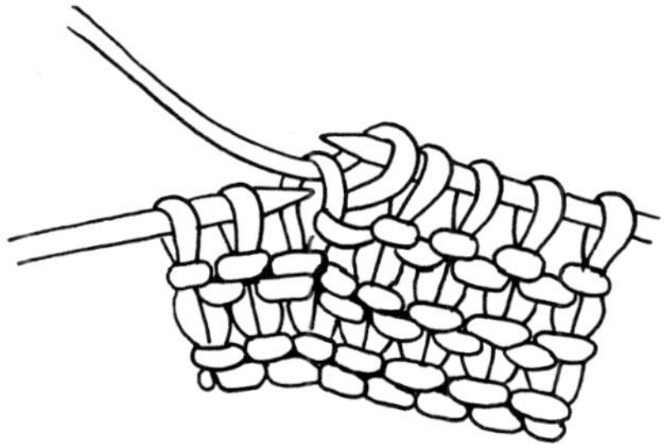

- Faden ist vorne
- von hinten nach vorne einstechen
- Faden von oben holen
- **nach hinten durchziehen**

Strickgegenstände

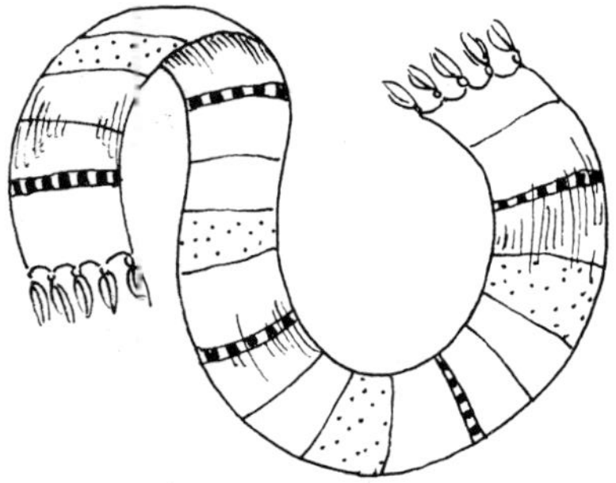

- **Schal**
- Pullover
- Handschuhe
- Mütze

Strickgegenstände

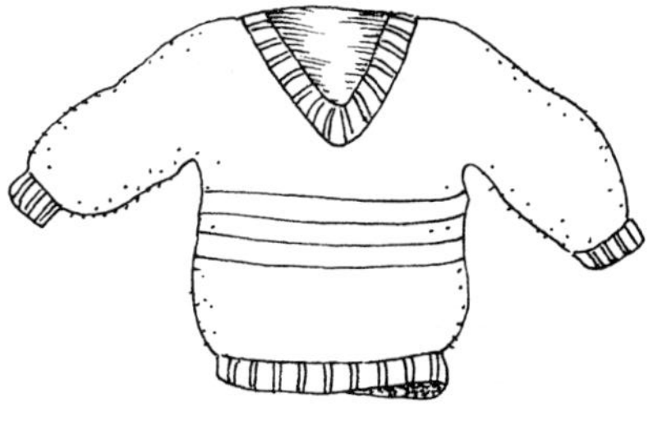

- Schal
- **Pullover**
- Handschuhe
- Mütze

Strickgegenstände

- Schal
- Pullover
- **Handschuhe**
- Mütze

Strickgegenstände

- Schal
- Pullover
- Handschuhe
- **Mütze**

Strickwollen

- **Baumwolle**
- Schafwolle
- Kunstfaser
- Mischfaser

Strickwollen

- Baumwolle
- **Schafwolle**
- Kunstfaser
- Mischfaser

Strickwollen

- Baumwolle
- Schafwolle
- **Kunstfaser**
- Mischfaser

Strickwollen

- Baumwolle
- Schafwolle
- Kunstfaser
- **Mischfaser**

Arbeitsweise Maschenanschlag

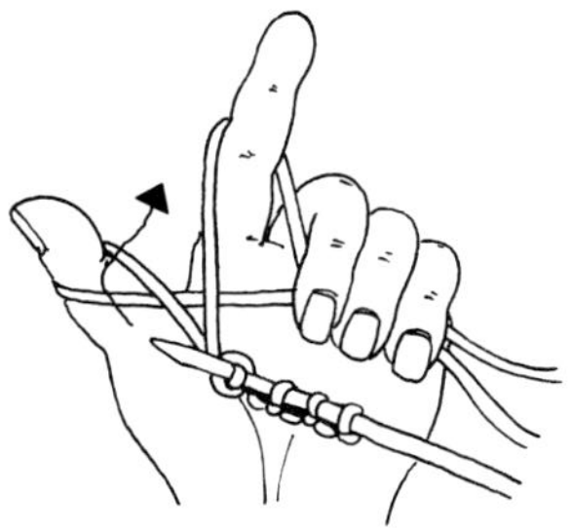

- **von unten nach oben in die Daumenschlinge einstechen**
- Faden holen, durchziehen
- Daumen aus der Schlinge ziehen
- fest anziehen

Arbeitsweise Maschenanschlag

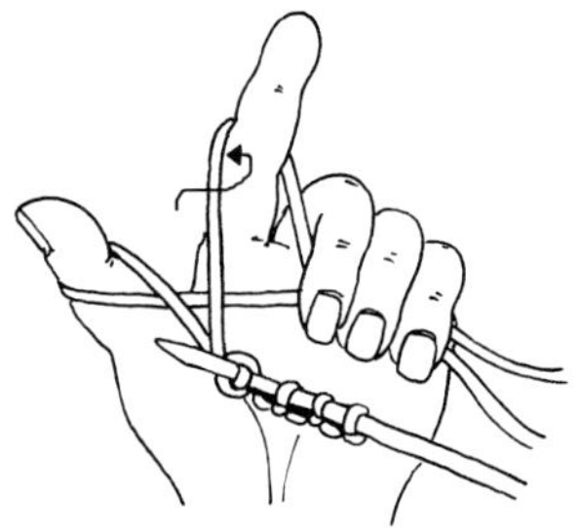

- von unten nach oben in die Daumenschlinge einstechen
- **Faden holen, durchziehen**
- Daumen aus der Schlinge ziehen
- fest anziehen

Arbeitsweise Maschenanschlag

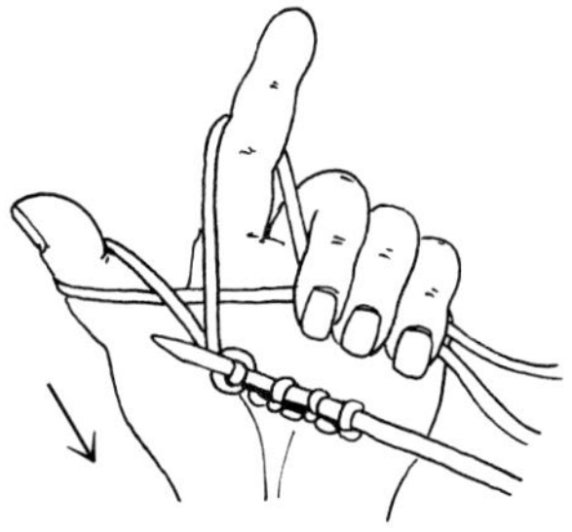

- von unten nach oben in die Daumenschlinge einstechen
- Faden holen, durchziehen
- **Daumen aus der Schlinge ziehen**
- fest anziehen

Arbeitsweise Maschenanschlag

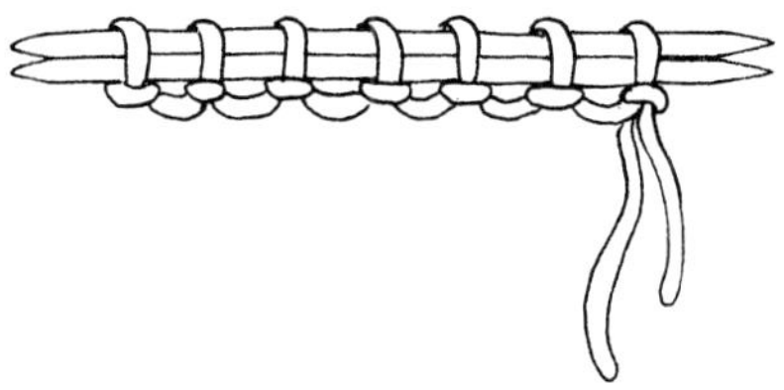

- von unten nach oben in die Daumenschlinge einstechen
- Faden holen, durchziehen
- Daumen aus der Schlinge ziehen
- **fest anziehen**

Arbeitsweise Abketten

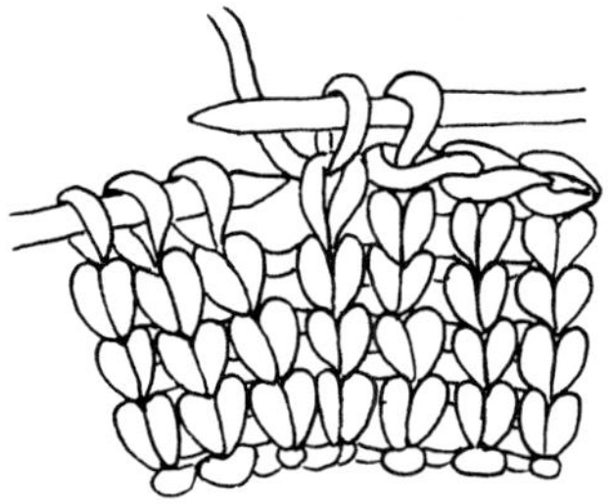

- **auf der rechten Nadel sind immer 2 gestrickte Maschen**
- linke Nadel sticht in die 2. Masche ein
- über die 1. Masche ziehen
- Masche abheben

Arbeitsweise Abketten

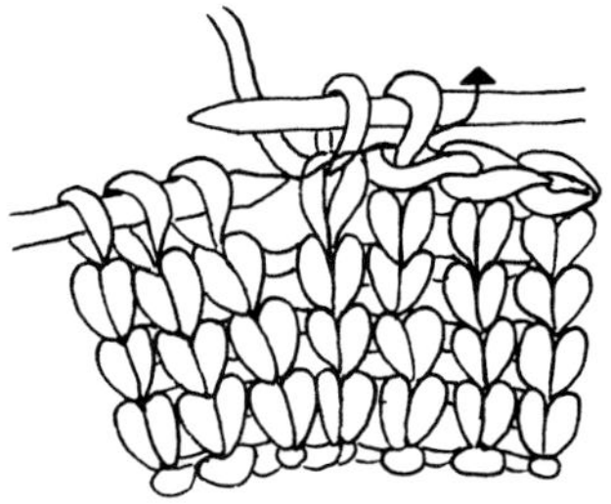

- auf der rechten Nadel sind immer 2 gestrickte Maschen
- **linke Nadel sticht in die 2. Masche ein**
- über die 1. Masche ziehen
- Masche abheben

Arbeitsweise Abketten

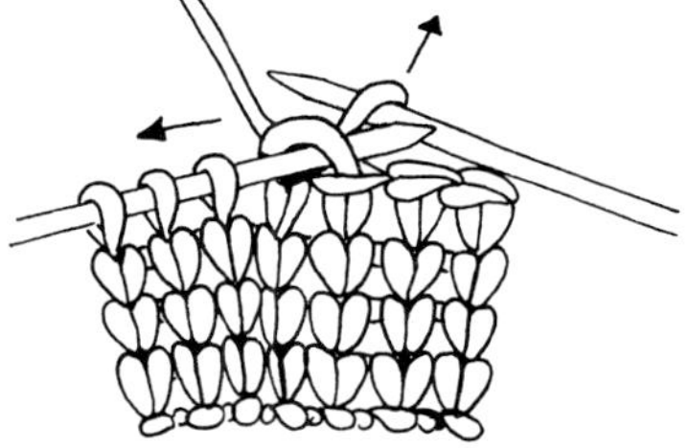

- auf der rechten Nadel sind immer 2 gestrickte Maschen
- linke Nadel sticht in die 2. Masche ein
- **über die 1. Masche ziehen**
- Masche abheben

Arbeitsweise Abketten

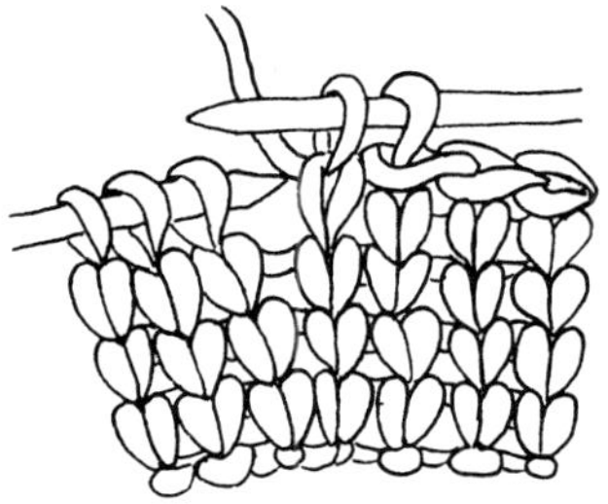

- auf der rechten Nadel sind immer 2 gestrickte Maschen
- linke Nadel sticht in die 2. Masche ein
- über die 1. Masche ziehen
- **Masche abheben**

Fehlermöglichkeiten

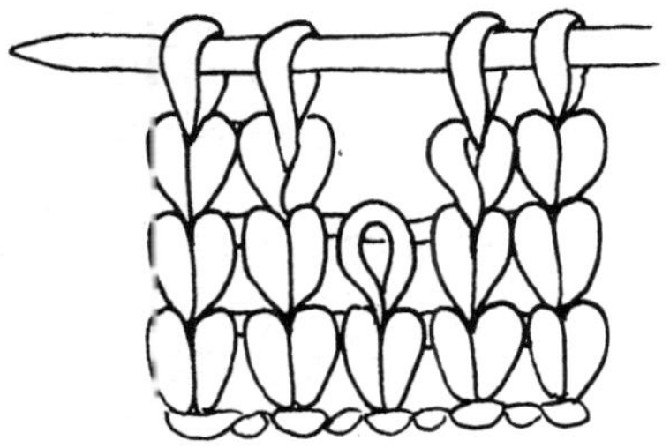

- **fallengelassene Masche**
- dazu gestrickte Masche
- abgestrickter Klang
- zusammengestrickte Masche

Fehlermöglichkeiten

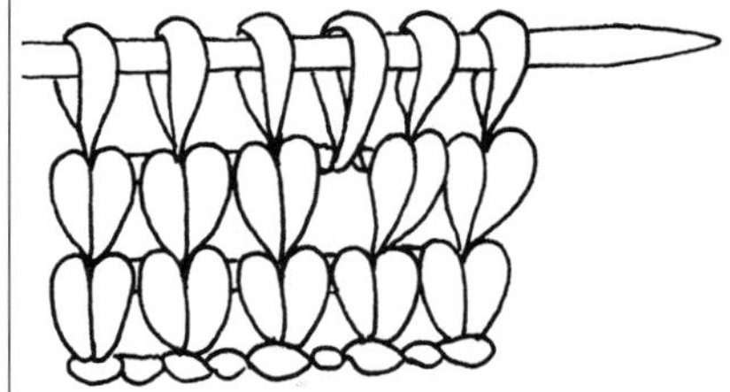

- fallengelassene Masche
- **dazu gestrickte Masche**
- abgestrickter Klang
- zusammengestrickte Masche

Fehlermöglichkeiten

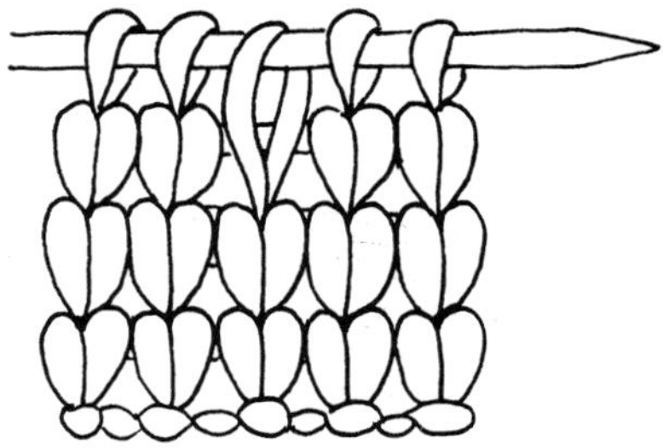

- fallengelassene Masche
- dazu gestrickte Masche
- **abgestrickter Klang**
- zusammengestrickte Masche

Fehlermöglichkeiten

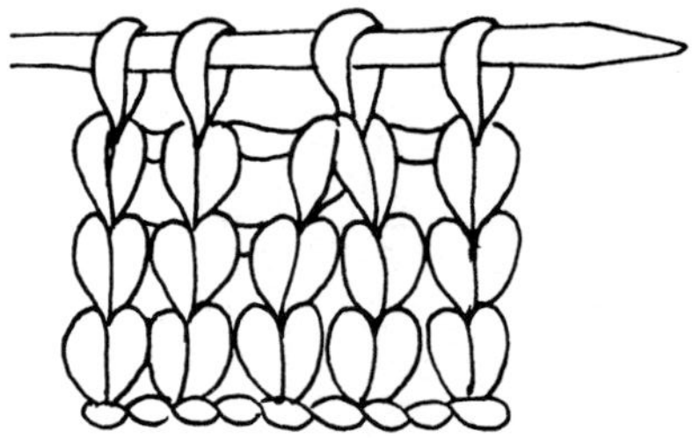

- fallengelassene Masche
- dazu gestrickte Masche
- abgestrickter Klang
- **zusammengestrickte Masche**

Strickmaschen

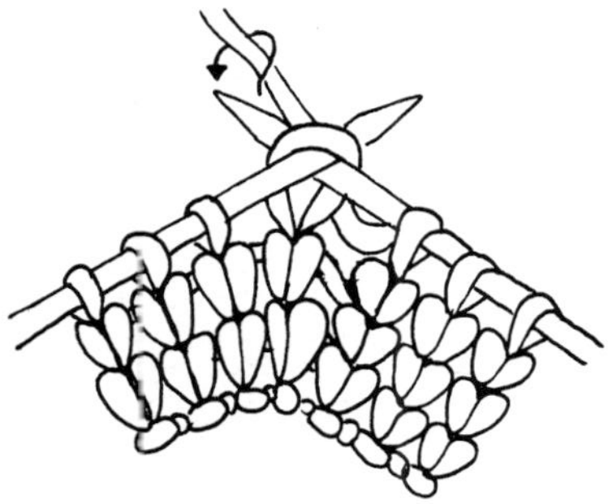

- **rechte Masche**
- linke Masche
- Anfangsmasche
- Schlussmasche

Strickmaschen

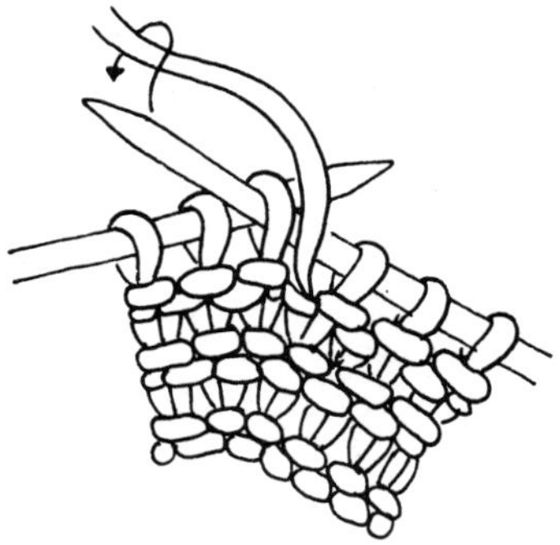

- rechte Masche
- **linke Masche**
- Anfangsmasche
- Schlussmasche

Strickmaschen

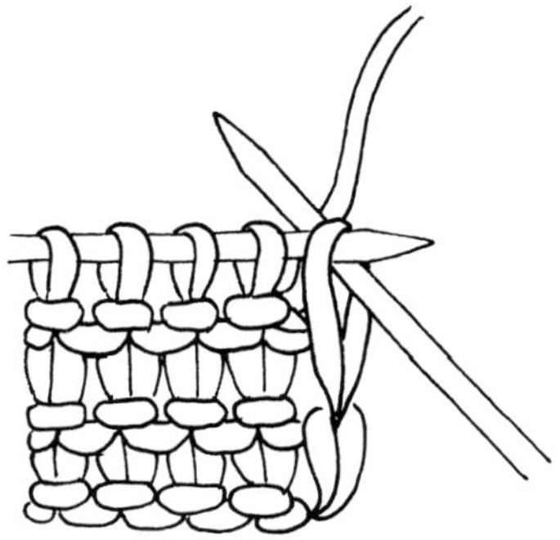

- rechte Masche
- linke Masche
- **Anfangsmasche**
- Schlussmasche

Strickmaschen

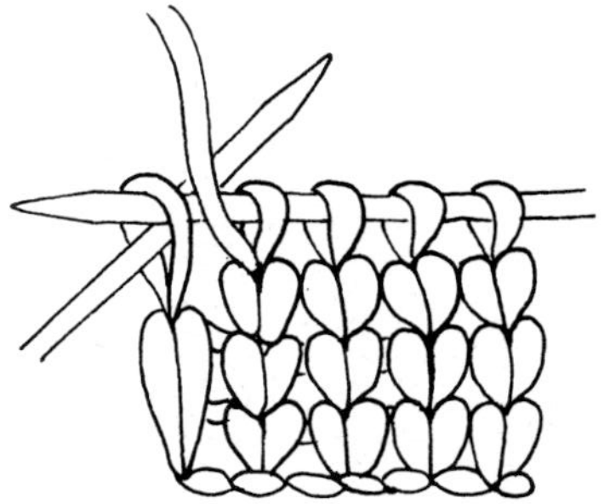

- rechte Masche
- linke Masche
- Anfangsmasche
- **Schlussmasche**

Strickflächen

- **gerippte Fläche**
- glatte Fläche
- krause Fläche
- elastische Fläche

Strickflächen

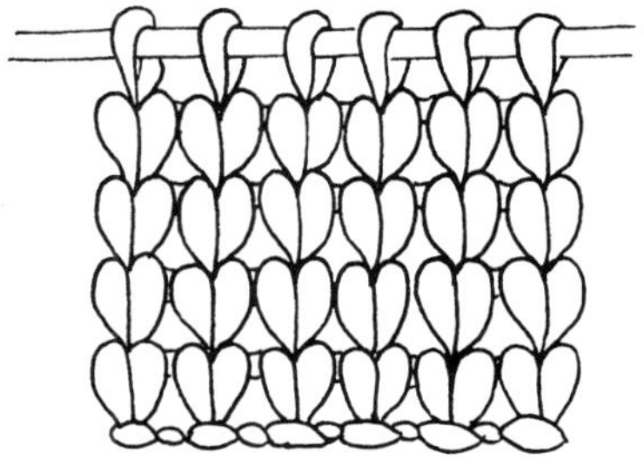

- gerippte Fläche
- **glatte Fläche**
- krause Fläche
- elastische Fläche

Strickflächen

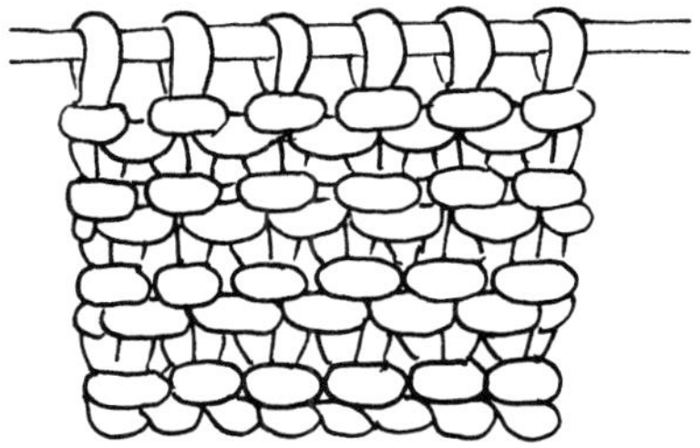

- gerippte Fläche
- glatte Fläche
- **krause Fläche**
- elastische Fläche

Strickflächen

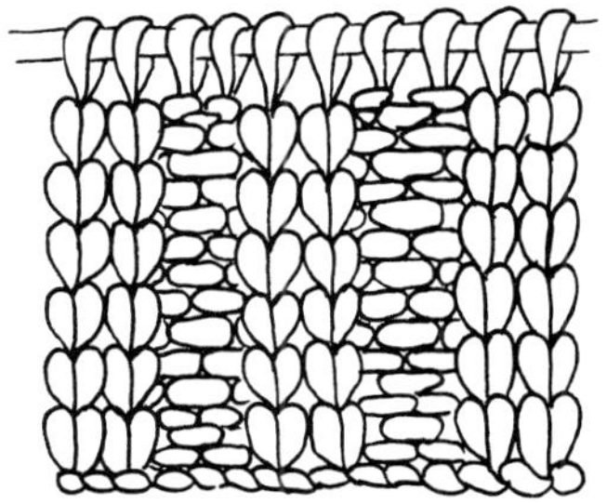

- gerippte Fläche
- glatte Fläche
- krause Fläche
- **elastische Fläche**

Fehlerbehebung

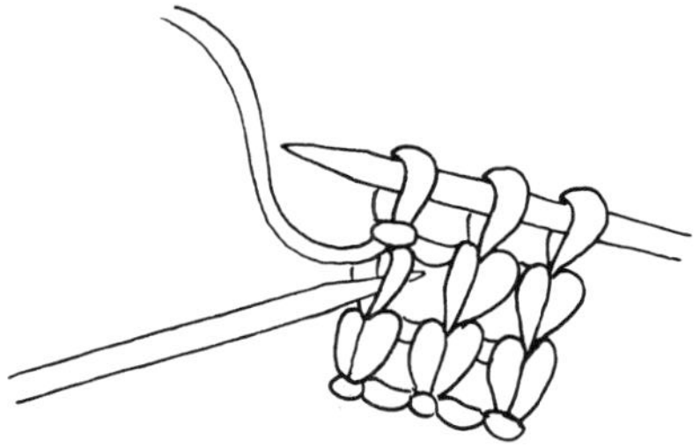

- **Zurückstricken**
- Masche hochhäkeln
- Abheben der Masche
- Auftrennen

Fehlerbehebung

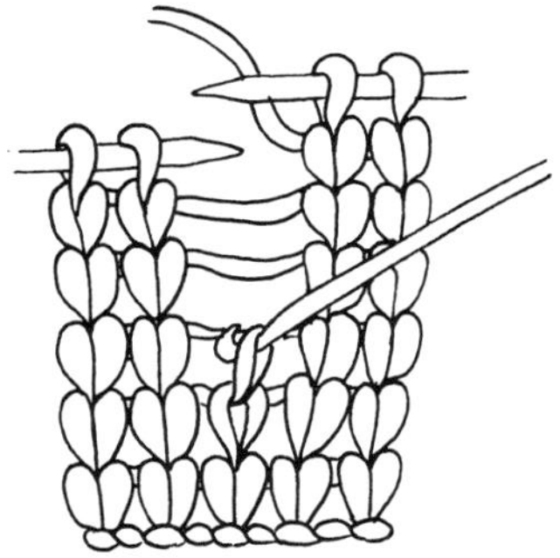

- Zurückstricken
- **Masche hochhäkeln**
- Abheben der Masche
- Auftrennen

Fehlerbehebung

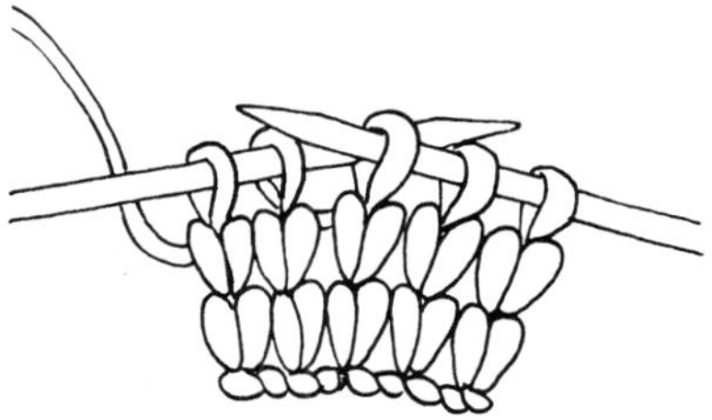

- Zurückstricken
- Masche hochhäkeln
- **Abheben der Masche**
- Auftrennen

Fehlerbehebung

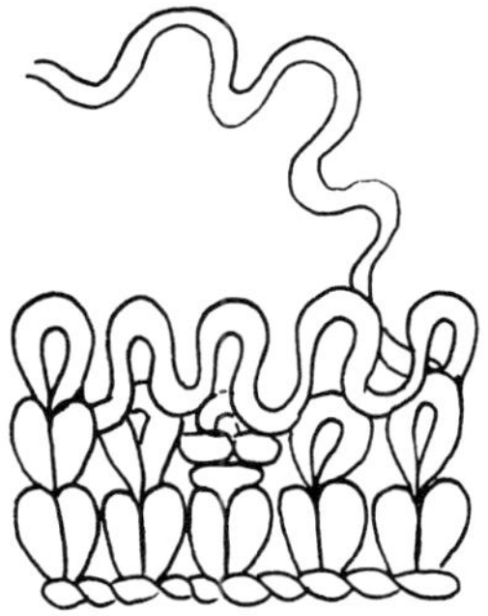

- Zurückstricken
- Masche hochhäkeln
- Abheben der Masche
- **Auftrennen**

Tipps und Regeln

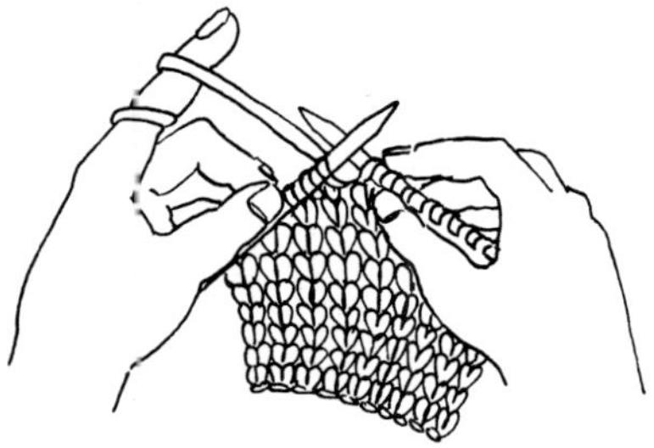

- **Arme nicht auf den Tisch aufstützen**
- Faden zweimal um den Finger wickeln
- bequem anlehnen
- entspannte Haltung

Tipps und Regeln

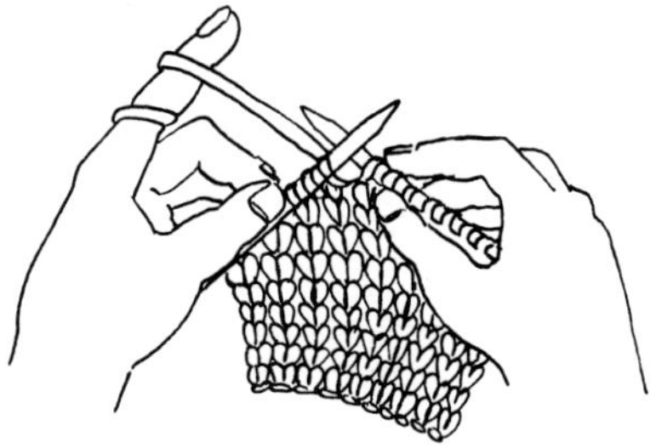

- Arme nicht auf den Tisch aufstützen
- **Faden zweimal um den Finger wickeln**
- bequem anlehnen
- entspannte Haltung

Tipps und Regeln

- Arme nicht auf den Tisch aufstützen
- Faden zweimal um den Finger wickeln
- **bequem anlehnen**
- entspannte Haltung

Tipps und Regeln

- Arme nicht auf den Tisch aufstützen
- Faden zweimal um den Finger wickeln
- bequem anlehnen
- **entspannte Haltung**

2.1.5 Quartett „Holz“ (1)

Holzwerkzeug

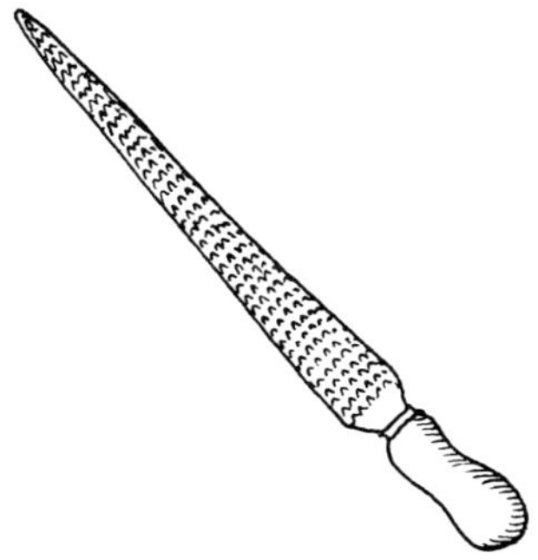

- **Raspel**
- Feile
- Schleifpapier
- Säge

Holzwerkzeug

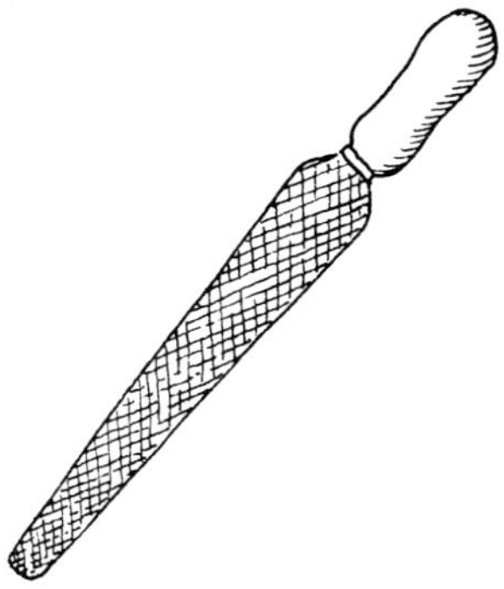

- Raspel
- **Feile**
- Schleifpapier
- Säge

Holzwerkzeug

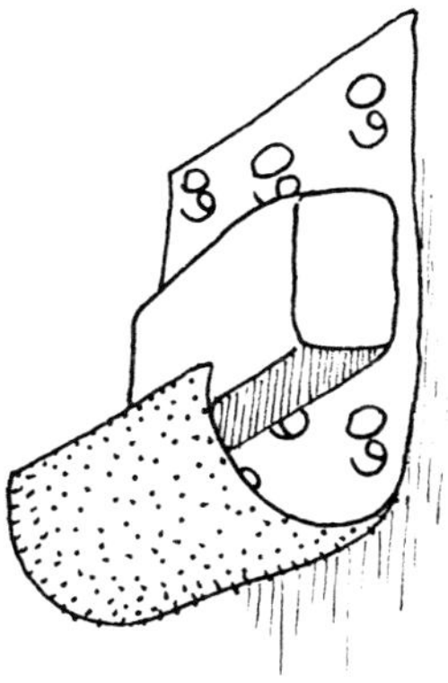

- Raspel
- Feile
- **Schleifpapier**
- Säge

Holzwerkzeug

- Raspel
- Feile
- Schleifpapier
- **Säge**

Holzgegenstände

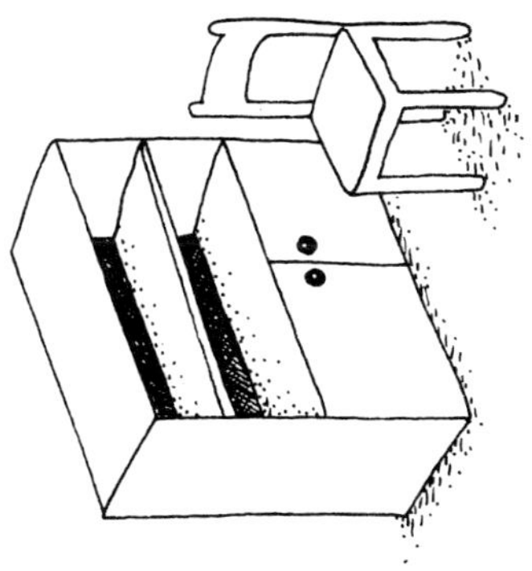

- **Möbel**
- Spielzeug
- Häuser
- Papier

Holzgegenstände

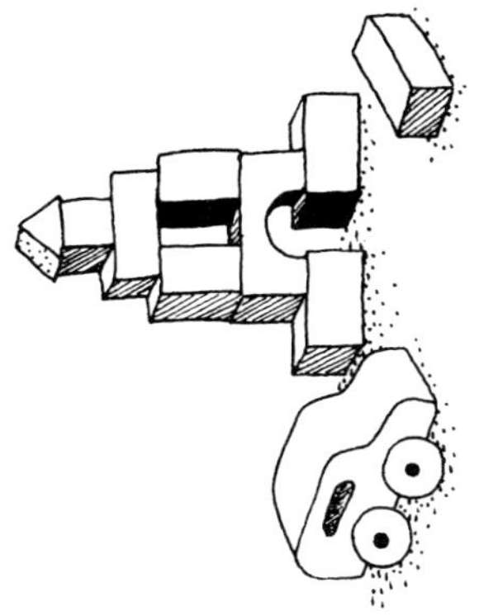

- Möbel
- **Spielzeug**
- Häuser
- Papier

Holzgegenstände

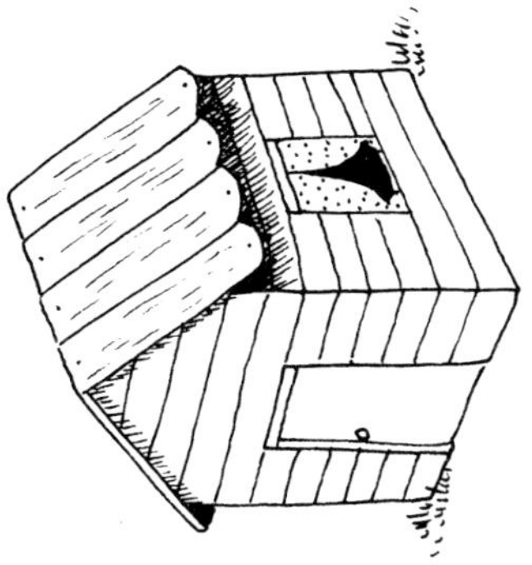

- Möbel
- Spielzeug
- **Häuser**
- Papier

Holzgegenstände

- Möbel
- Spielzeug
- Häuser
- **Papier**

Nadelbäume

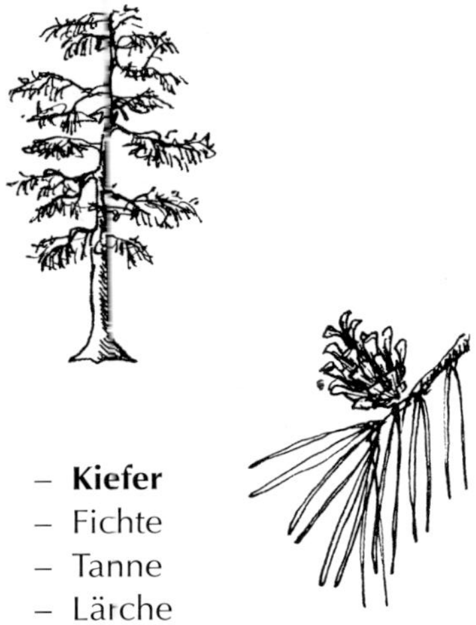

- **Kiefer**
- Fichte
- Tanne
- Lärche

Nadelbäume

- Kiefer
- **Fichte**
- Tanne
- Lärche

Nadelbäume

- Kiefer
- Fichte
- **Tanne**
- Lärche

Nadelbäume

- Kiefer
- Fichte
- Tanne
- **Lärche**

Laubbäume

- **Kastanie**
- Eiche
- Ahorn
- Buche

Laubbäume

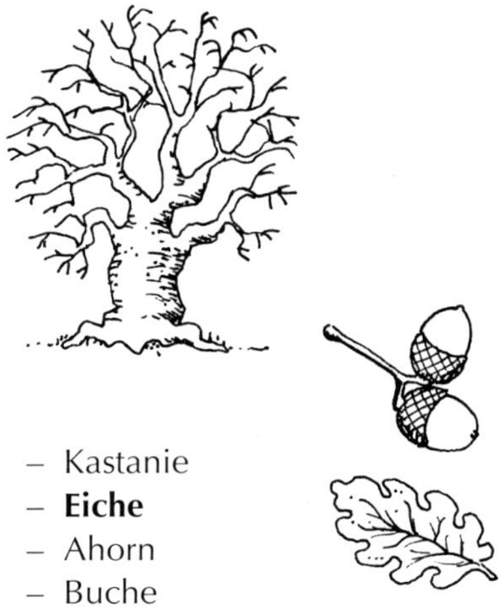

- Kastanie
- **Eiche**
- Ahorn
- Buche

Laubbäume

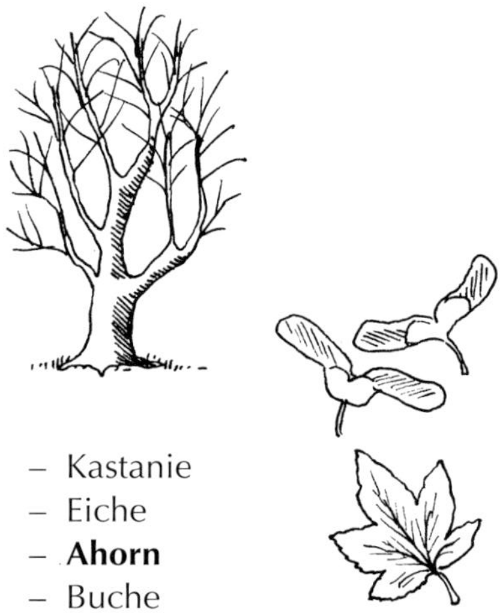

- Kastanie
- Eiche
- **Ahorn**
- Buche

Laubbäume

- Kastanie
- Eiche
- Ahorn
- **Buche**

Ausländische Hölzer

- **Zeder**
- Eukalyptus
- Banyanbaum
- Palme

Ausländische Hölzer

- Zeder
- **Eukalyptus**
- Banyanbaum
- Palme

Ausländische Hölzer

- Zeder
- Eukalyptus
- **Banyanbaum**
- Palme

Ausländische Hölzer

- Zeder
- Eukalyptus
- Banyanbaum
- **Palme**

Arbeitsweise Raspeln/Feilen

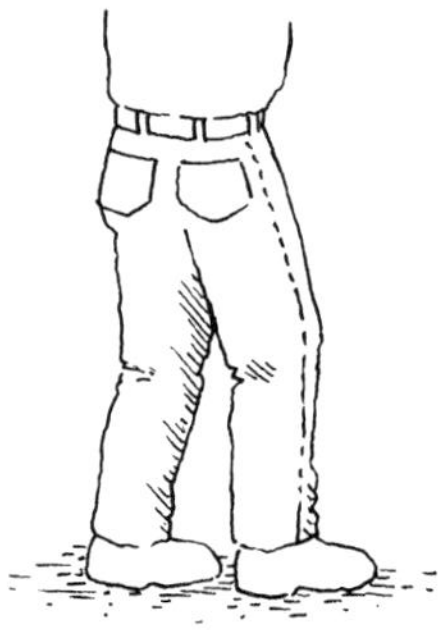

- **fester Stand**
- leichter Druck
- von dir weg arbeiten
- vordere Hand führt

Arbeitsweise Raspeln/Feilen

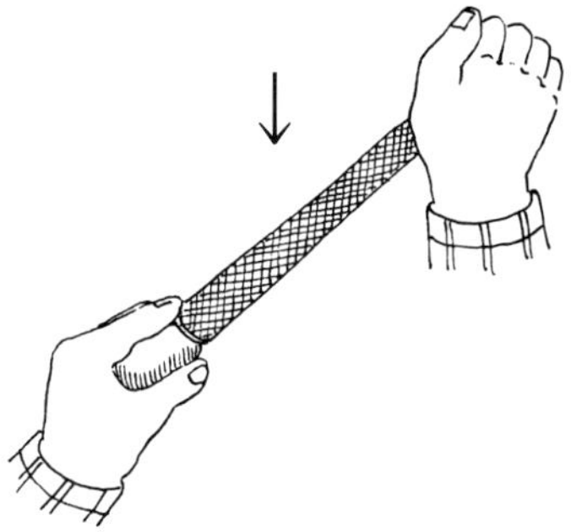

- fester Stand
- **leichter Druck**
- von dir weg arbeiten
- vordere Hand führt

Arbeitsweise Raspeln/Feilen

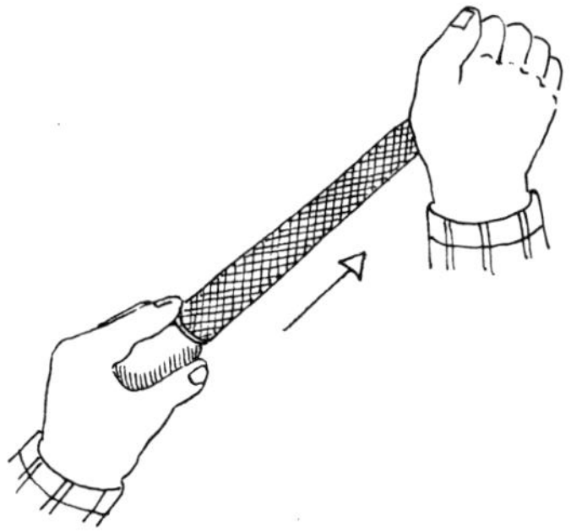

- fester Stand
- leichter Druck
- **von dir weg arbeiten**
- vordere Hand führt

Arbeitsweise Raspeln/Feilen

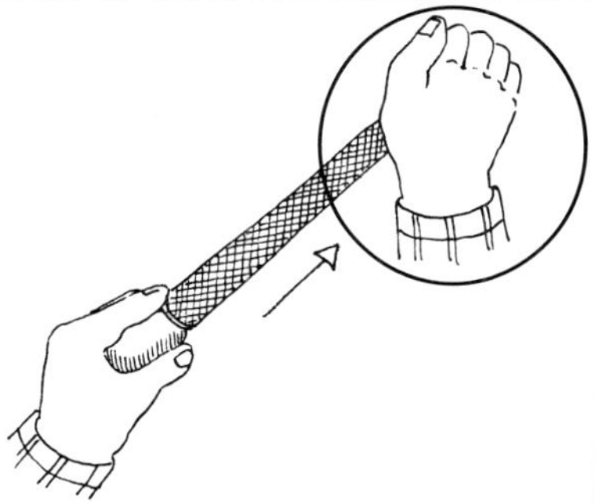

- fester Stand
- leichter Druck
- von dir weg arbeiten
- **vordere Hand führt**

Werkzeugreihenfolge

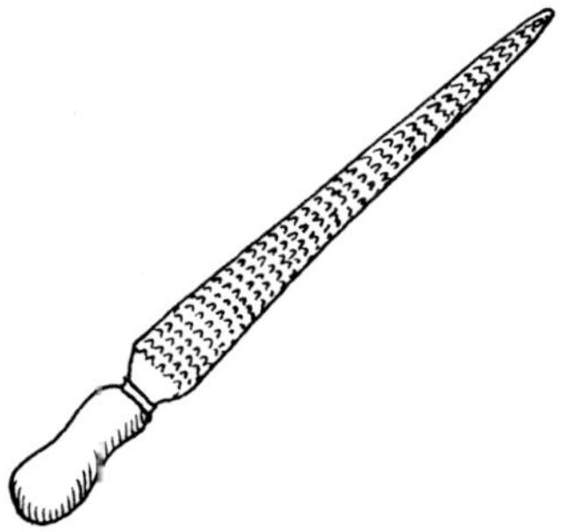

- **1. raspeln**
- 2. feilen
- 3. grob schleifen (60–80)
- 4. fein schleifen (120–240)

Werkzeugreihenfolge

- 1. raspeln
- **2. feilen**
- 3. grob schleifen (60–80)
- 4. fein schleifen (120–240)

Werkzeugreihenfolge

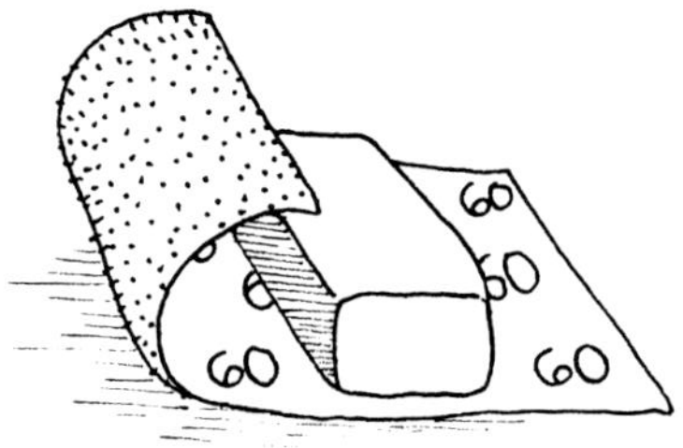

- 1. raspeln
- 2. feilen
- **3. grob schleifen (60–80)**
- 4. fein schleifen (120–240)

Werkzeugreihenfolge

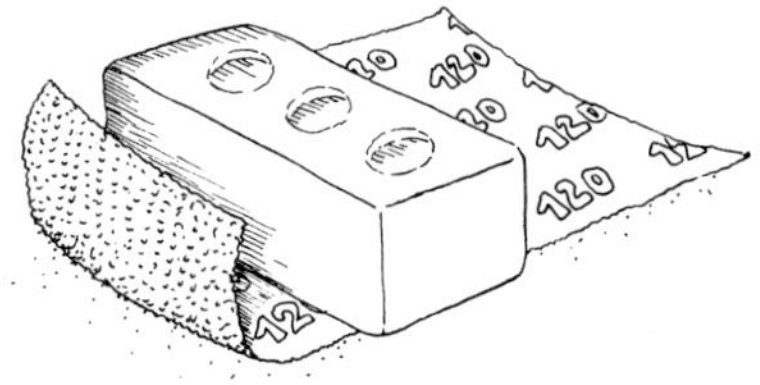

- 1. raspeln
- 2. feilen
- 3. grob schleifen (60–80)
- **4. fein schleifen (120–240)**

Verschiedene Sägen

- **Feinsäge**
- Puksäge
- Laubsäge
- Fuchsschwanz

Verschiedene Sägen

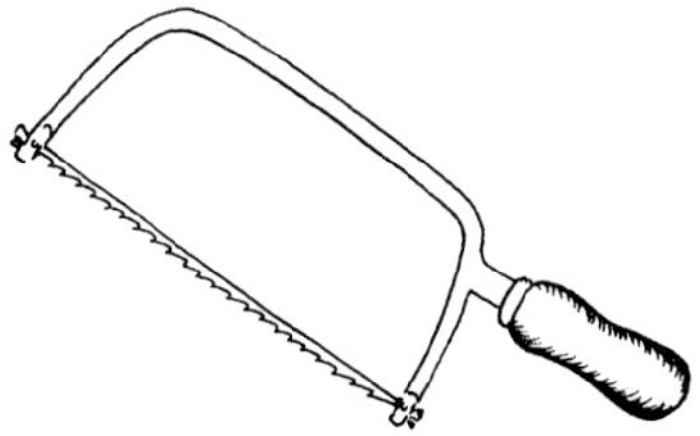

- Feinsäge
- **Puksäge**
- Laubsäge
- Fuchsschwanz

Verschiedene Sägen

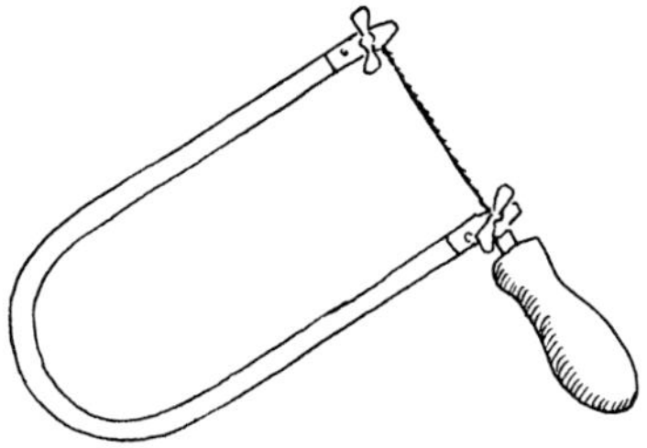

- Feinsäge
- Puksäge
- **Laubsäge**
- Fuchsschwanz

Verschiedene Sägen

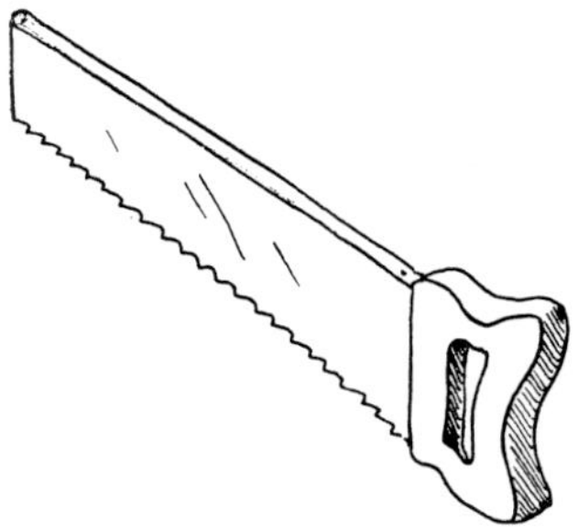

- Feinsäge
- Puksäge
- Laubsäge
- **Fuchsschwanz**

Holzprodukte

- **Vollholz**
- Sperrholz
- Furnier
- Spanplatten

Holzprodukte

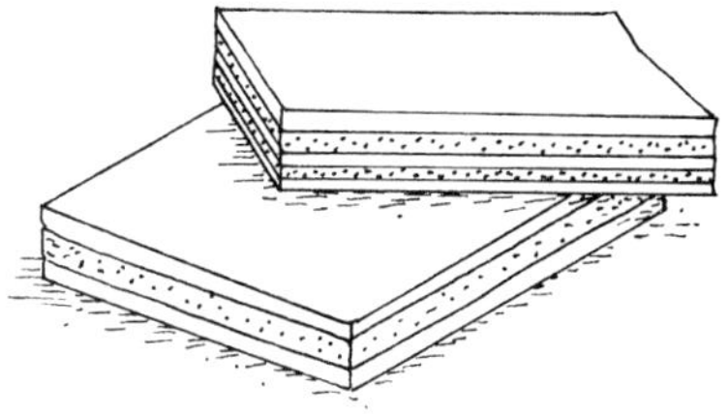

- Vollholz
- **Sperrholz**
- Furnier
- Spanplatten

Holzprodukte

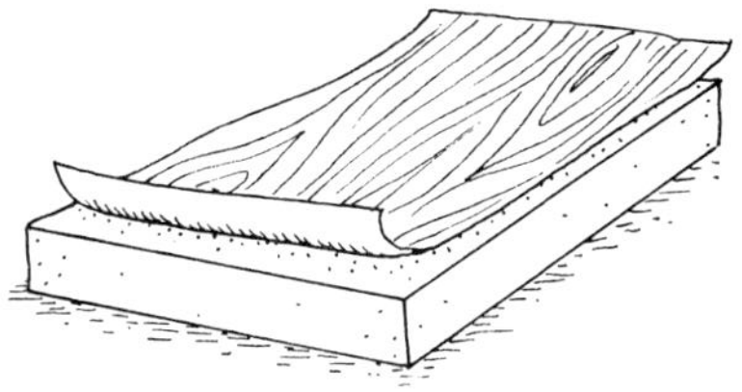

- Vollholz
- Sperrholz
- **Furnier**
- Spanplatten

Holzprodukte

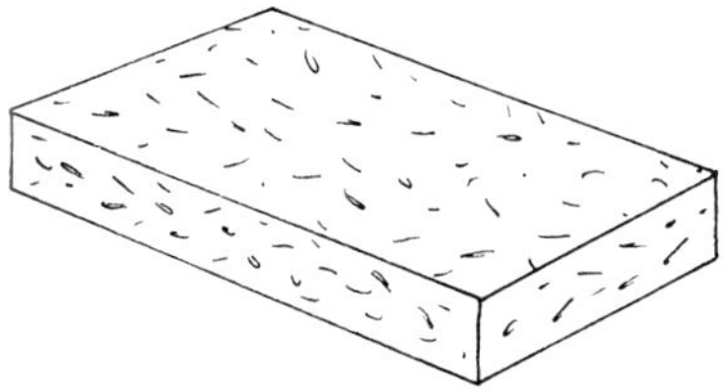

- Vollholz
- Sperrholz
- Furnier
- **Spanplatten**

Arbeitsweise Sägen

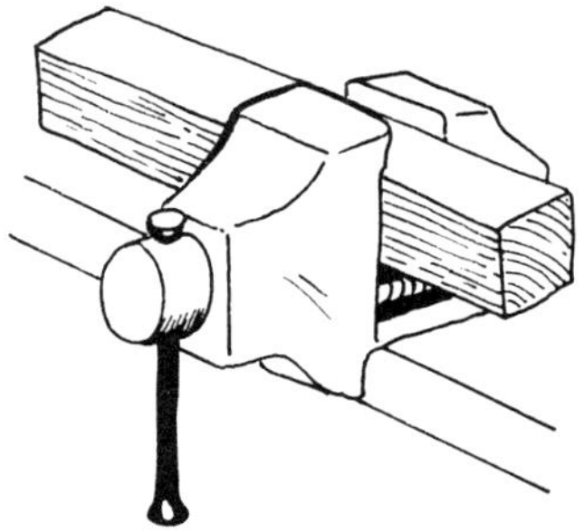

- **Holz knapp einspannen**
- Rille sägen (Knöchel)
- Sägeblatt ausnutzen
- langsam absägen

Arbeitsweise Sägen

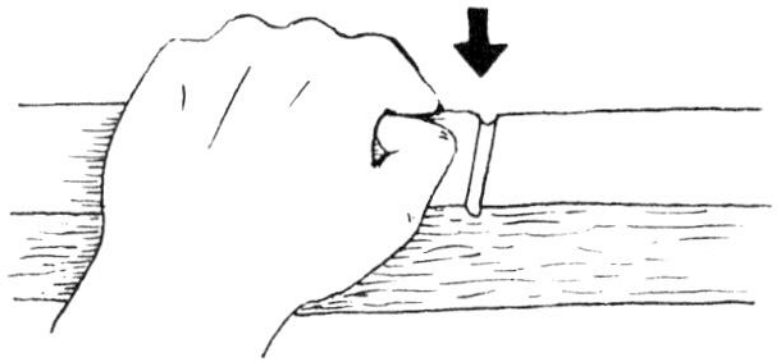

- Holz knapp einspannen
- **Rille sägen (Knöchel)**
- Sägeblatt ausnutzen
- langsam absägen

Arbeitsweise Sägen

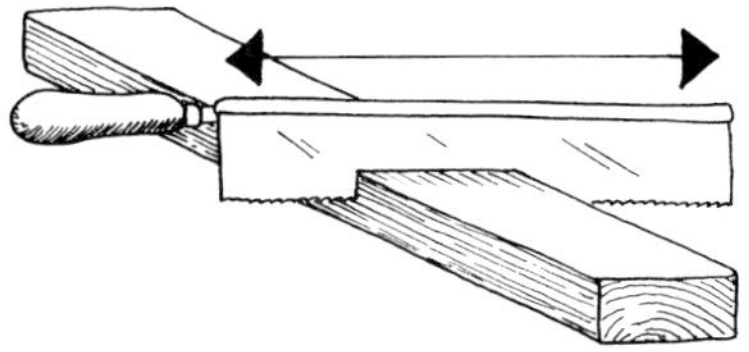

- Holz knapp einspannen
- Rille sägen (Knöchel)
- **Sägeblatt ausnutzen**
- langsam absägen

Arbeitsweise Sägen

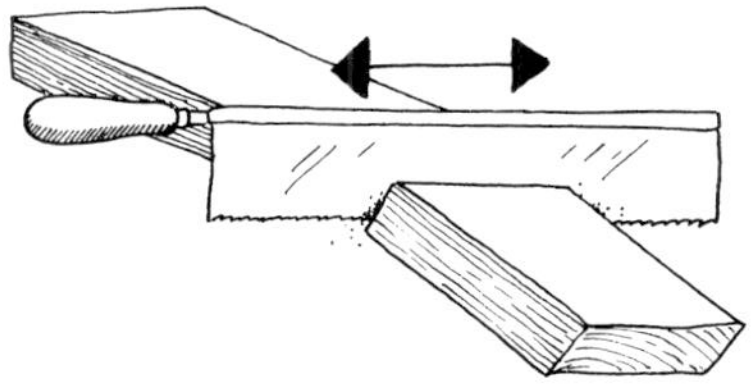

- Holz knapp einspannen
- Rille sägen (Knöchel)
- Sägeblatt ausnutzen
- **langsam absägen**

Arbeitsweise Laubsäge

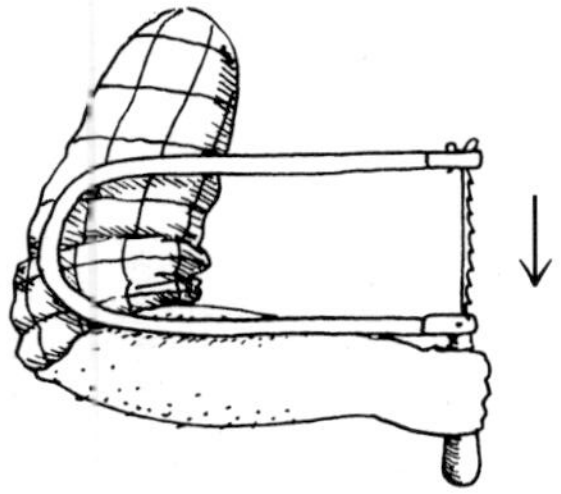

- **Sägeblattzähne zeigen zum Griff**
- Säge gerade halten
- Sägebogen liegt am Ellbogen an
- das Holz drehen – nicht die Säge

Arbeitsweise Laubsäge

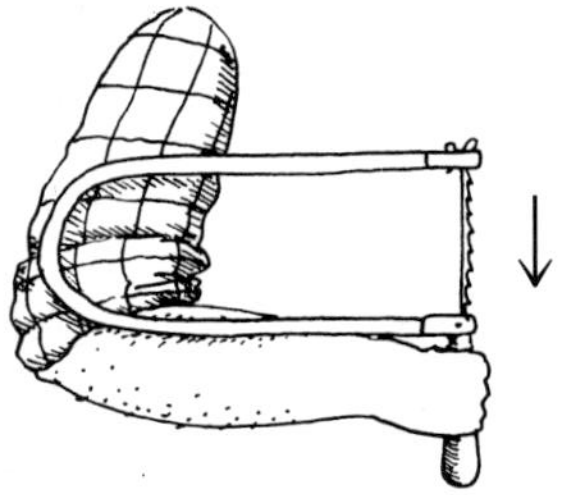

- Sägeblattzähne zeigen zum Griff
- **Säge gerade halten**
- Sägebogen liegt am Ellbogen an
- das Holz drehen – nicht die Säge

Arbeitsweise Laubsäge

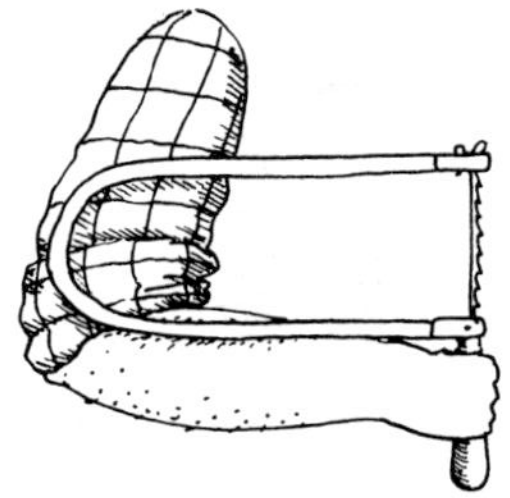

- Sägeblattzähne zeigen zum Griff
- Säge gerade halten
- **Sägebogen liegt am Ellbogen an**
- das Holz drehen – nicht die Säge

Arbeitsweise Laubsäge

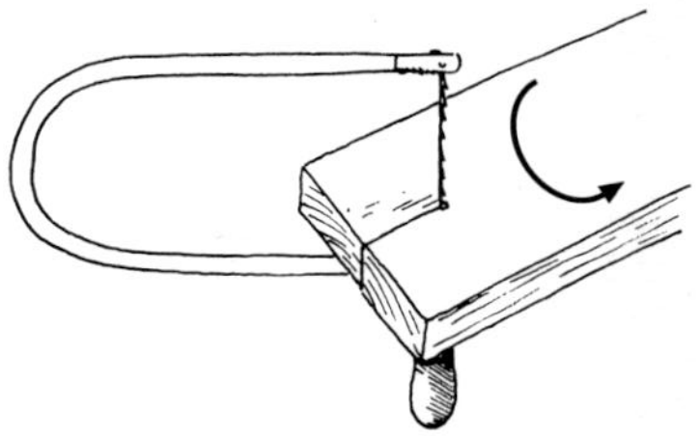

- Sägeblattzähne zeigen zum Griff
- Säge gerade halten
- Sägebogen liegt am Ellbogen an
- **das Holz drehen – nicht die Säge**

Oberflächenhehandlung

- **beizen**
- lasieren
- lackieren
- wachsen

Unfallvermeidung

- **im Werkraum nicht laufen**
- sachgerecht einspannen
- Werkzeug ist kein Spielzeug
- genügend Abstand zum Nachbarn halten

Schleifpapier

- **Faserrichtung**
- Arbeitsweise: von grob zu fein
- Körnung
- Schleifklotz verwenden

Handelsformen

- **Furnierholz**
- Sperrholz
- Pressspan
- Massivholz

Regeln: Raspel/Feile

- **mit Stahlbürste säubern**
- Schrittstellung
- Arbeitsweise: von grob zu fein
- Faserrichtung

Regeln: Laubsäge

- **im Takt sägen**
- Arbeitsrichtung (Zug ↓)
- Einspannen: Zähne des Sägeblattes zeigen zum Griff
- Haltung parallel zum Unterarm

Hartholz

- **Kirsche**
- Eiche
- Buche
- Birke

Weichholz

- **Zirbel**
- Fichte
- Tanne
- Kiefer

Holzwerkzeuge

- **Schleifklotz**
- Feile
- Raspel
- Laubsäge

Oberflächenhehandlung

- beizen
- **lasieren**
- lackieren
- wachsen

Unfallvermeidung

- im Werkraum nicht laufen
- **sachgerecht einspannen**
- Werkzeug ist kein Spielzeug
- genügend Abstand zum Nachbarn halten

Schleifpapier

- Faserrichtung
- **Arbeitsweise: von grob zu fein**
- Körnung
- Schleifklotz verwenden

Handelsformen

- Furnierholz
- **Sperrholz**
- Pressspan
- Massivholz

Regeln: Raspel/Feile

- mit Stahlbürste säubern
- **Schrittstellung**
- Arbeitsweise: von grob zu fein
- Faserrichtung

Regeln: Laubsäge

- im Takt sägen
- **Arbeitsrichtung (Zug ↓)**
- Einspannen: Zähne des Sägeblattes zeigen zum Griff
- Haltung parallel zum Unterarm

Hartholz

- Kirsche
- **Eiche**
- Buche
- Birke

Weichholz

- Zirbel
- **Fichte**
- Tanne
- Kiefer

Holzwerkzeuge

- Schleifklotz
- **Feile**
- Raspel
- Laubsäge

Oberflächenhehandlung	Unfallvermeidung	Schleifpapier
– beizen – lasieren – **lackieren** – wachsen	– im Werkraum nicht laufen – sachgerecht einspannen – **Werkzeug ist kein Spielzeug** – genügend Abstand zum Nachbarn halten	– Faserrichtung – Arbeitsweise: von grob zu fein – **Körnung** – Schleifklotz verwenden

Handelsformen	Regeln: Raspel/Feile	Regeln: Laubsäge
– Furnierholz – Sperrholz – **Pressspan** – Massivholz	– mit Stahlbürste säubern – Schrittstellung – **Arbeitsweise: von grob zu fein** – Faserrichtung	– im Takt sägen – Arbeitsrichtung (Zug ↓) – **Einspannen: Zähne des Sägeblattes zeigen zum Griff** – Haltung parallel zum Unterarm

Hartholz	Weichholz	Holzwerkzeuge
– Kirsche – Eiche – **Buche** – Birke	– Zirbel – Fichte – **Tanne** – Kiefer	– Schleifklotz – Feile – **Raspel** – Laubsäge

Oberflächenhehandlung	Unfallvermeidung	Schleifpapier
– beizen – lasieren – lackieren – **wachsen**	– im Werkraum nicht laufen – sachgerecht einspannen – Werkzeug ist kein Spielzeug – **genügend Abstand zum Nachbarn halten**	– Faserrichtung – Arbeitsweise: von grob zu fein – Körnung – **Schleifklotz verwenden**

Handelsformen	Regeln: Raspel/Feile	Regeln: Laubsäge
– Furnierholz – Sperrholz – Pressspan – **Massivholz**	– mit Stahlbürste säubern – Schrittstellung – Arbeitsweise: von grob zu fein – **Faserrichtung**	– im Takt sägen – Arbeitsrichtung (Zug ↓) – Einspannen: Zähne des Sägeblattes zeigen zum Griff – **Haltung parallel zum Unterarm**

Hartholz	Weichholz	Holzwerkzeuge
– Kirsche – Eiche – Buche – **Birke**	– Zirbel – Fichte – Tanne – **Kiefer**	– Schleifklotz – Feile – Raspel – **Laubsäge**

Fuchs-schwanz

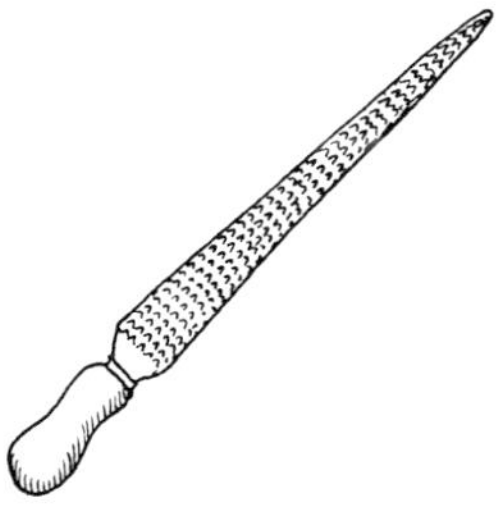

Holzraspel

Flachzange

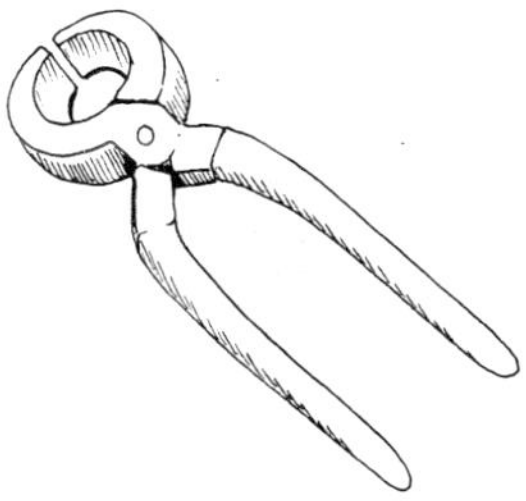

Beißzange

Feinsäge

Halbrund-feile

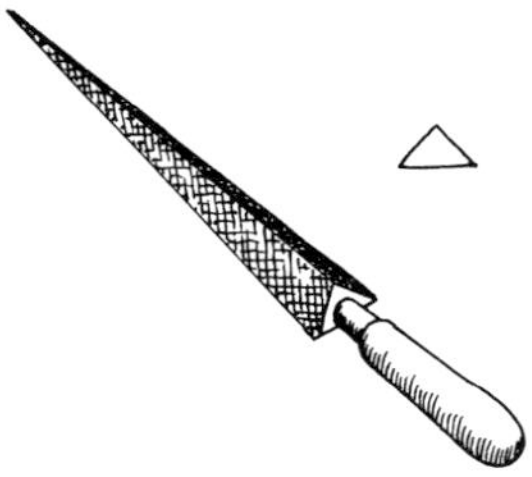

Dreikant-feile

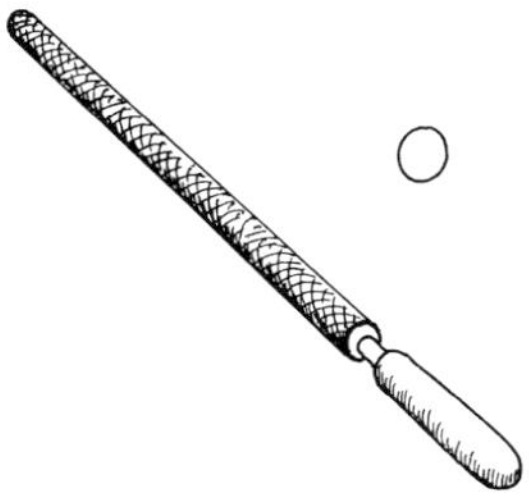

Rundfeile

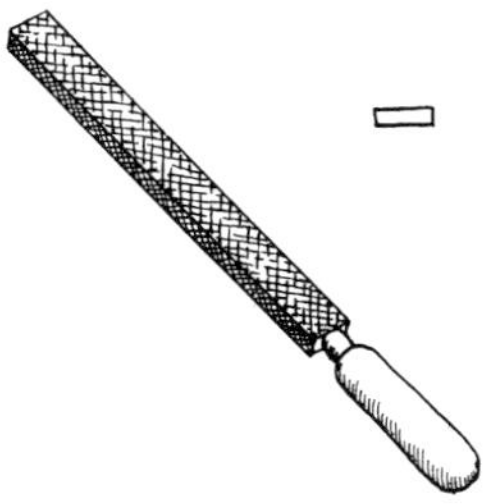

Flachfeile

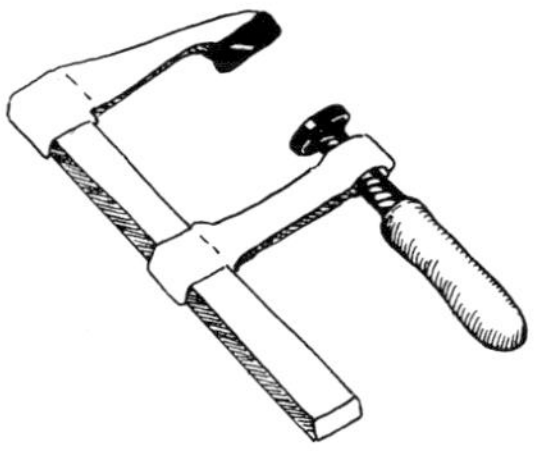

Schraub-zwinge

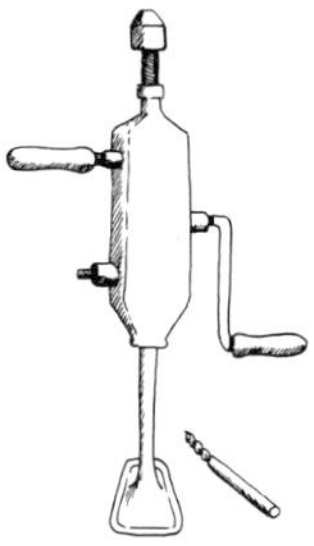

Handbohr-maschine

Schlosser-hammer

Holz-hammer	**Schleif-klotz** und **Schleif-papier**	**Rundzange**	**Feilen-bürste**
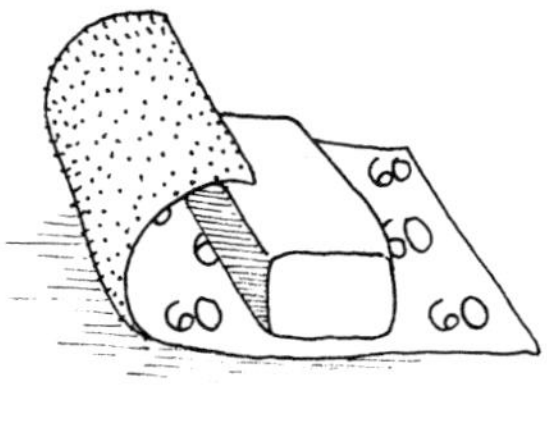 z. B. Nr. 80, 100, 120	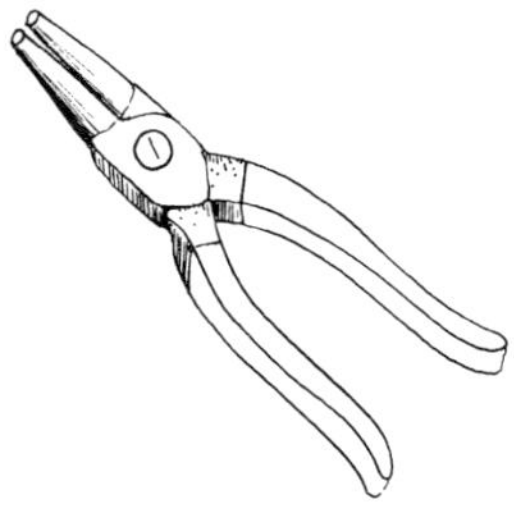	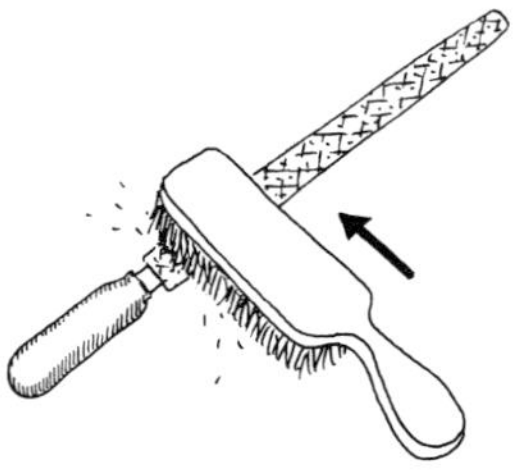	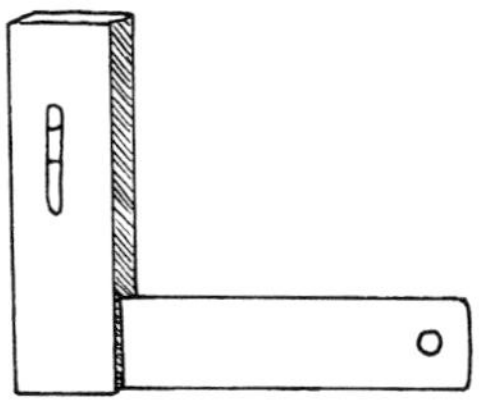
Winkel	einge-spanntes **Laubsäge-blatt**	**Puksäge**	**Vorstecher**
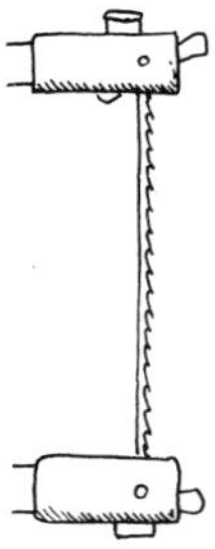	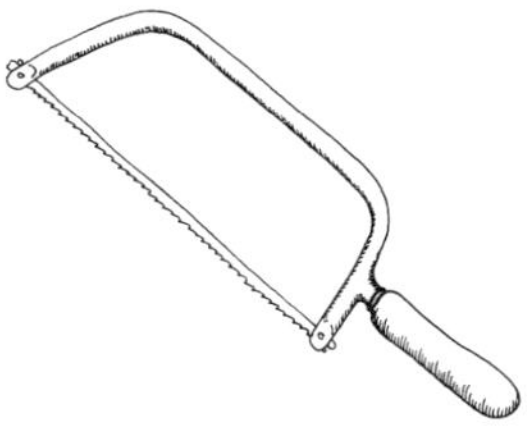		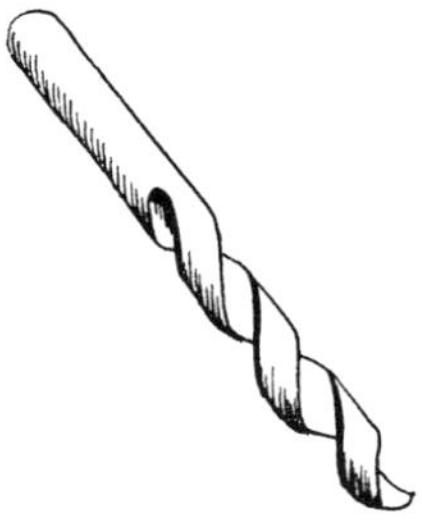
Spiral-bohrer	**Nagel-bohrer**	**Seiten-schneider**	**Universal-messer**
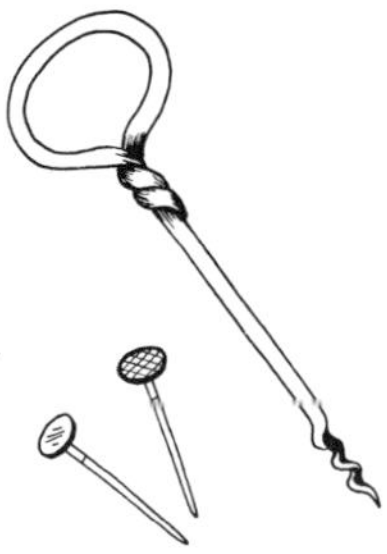	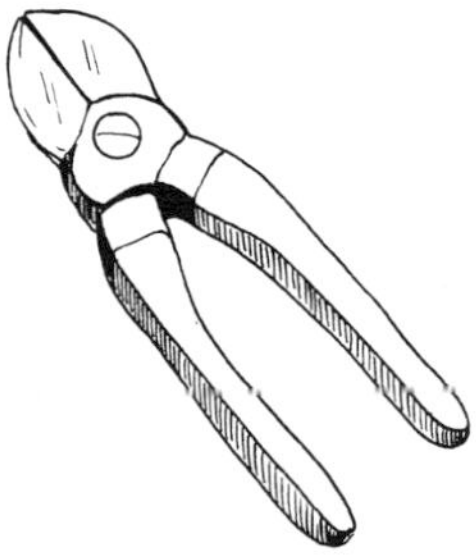		

Pinsel

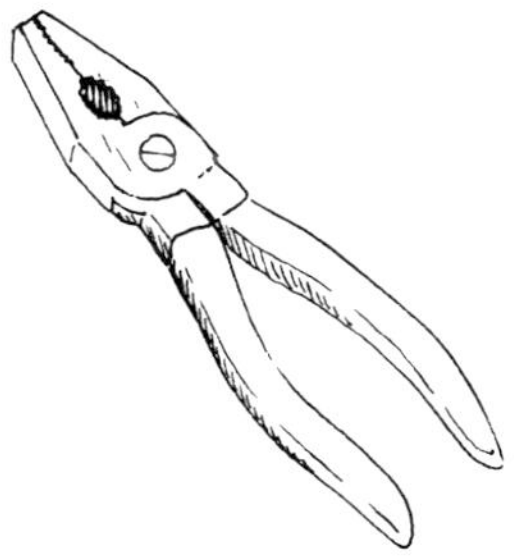

Kombi-
zange

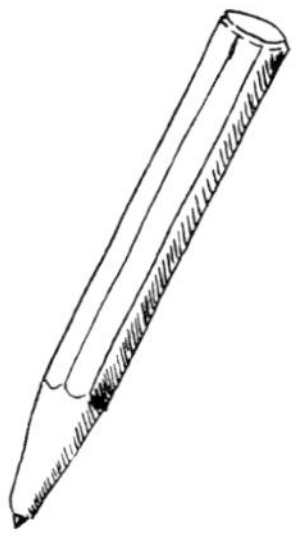

Körner

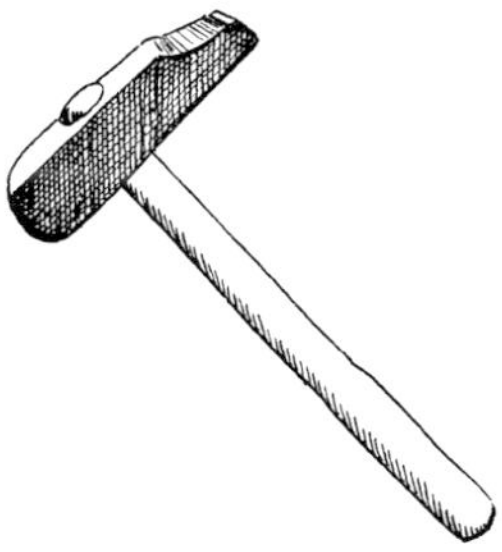

Schreiner-
hammer

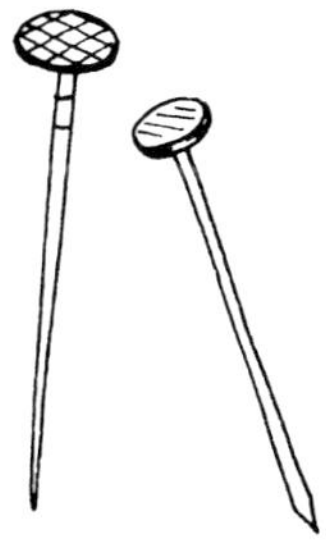

Nagel

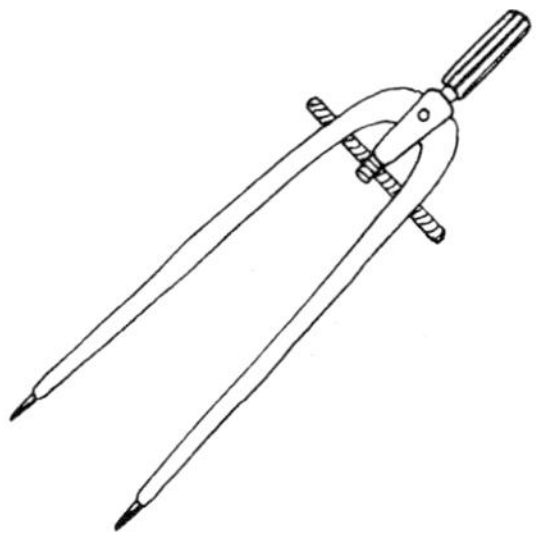

Zirkel

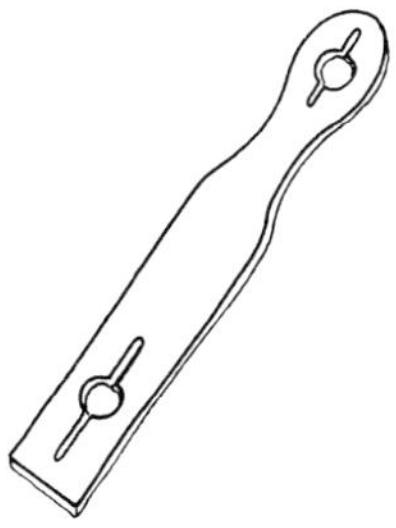

Laubsäge-
schlüssel

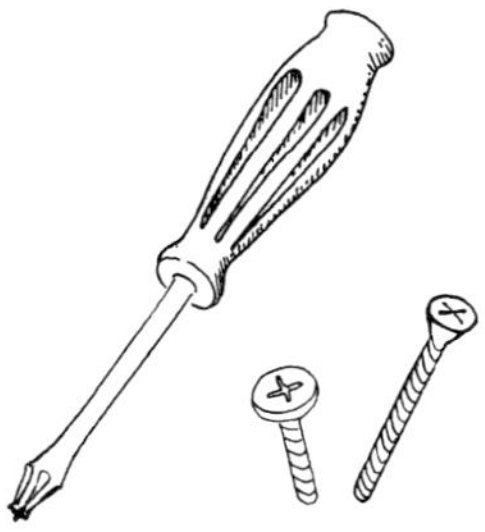

Kreuz-
schlitz-
Schrauben-
dreher

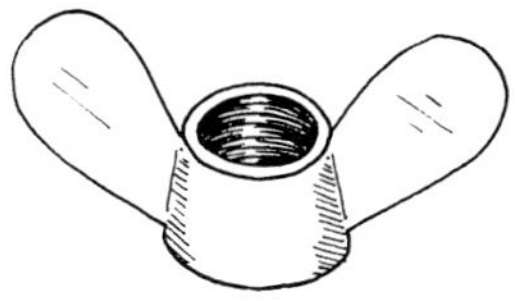

Flügel-
mutter

Vierkant-
feile

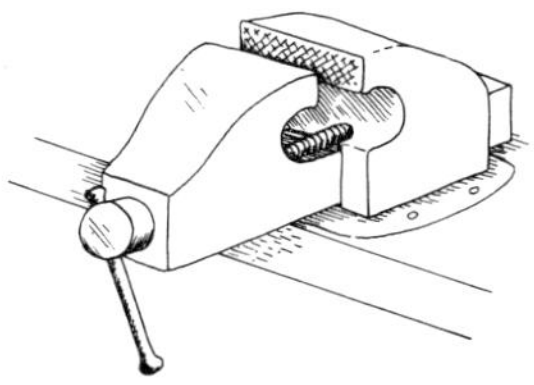

Schraub-
stock

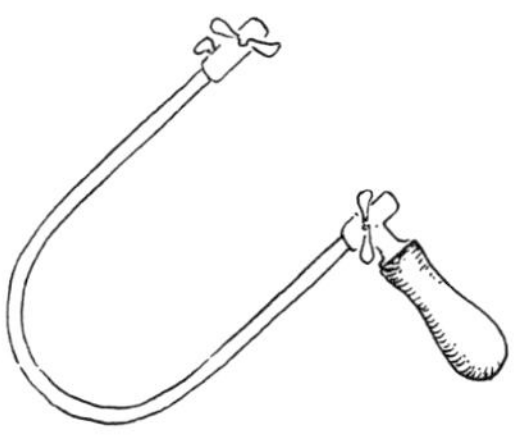

Laubsäge-
bogen
mit Griff

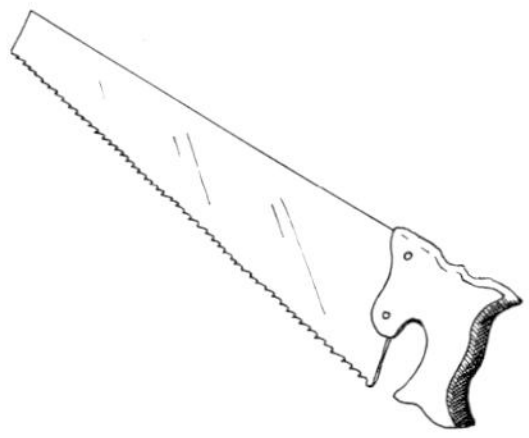

Schraub-stock	**Hand-bohrer**	**Hobel**
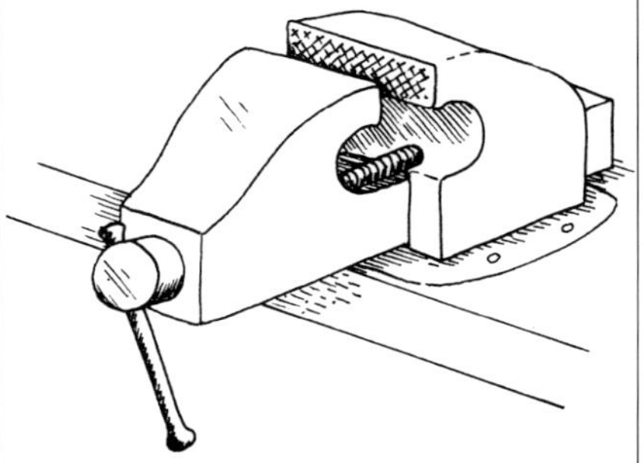	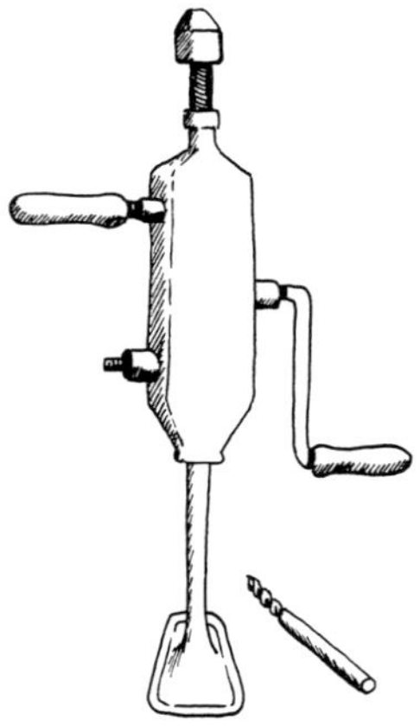	
Schleif-klotz	**Maserung**	**Nagel-bohrer**
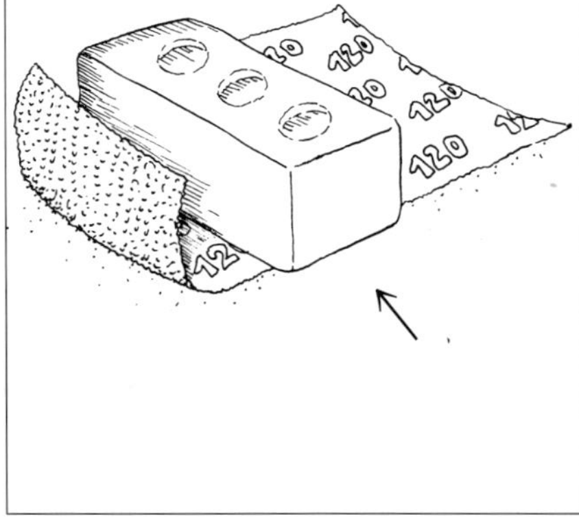	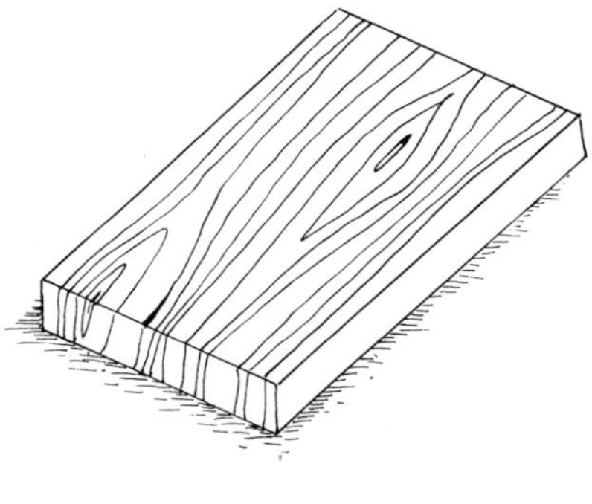	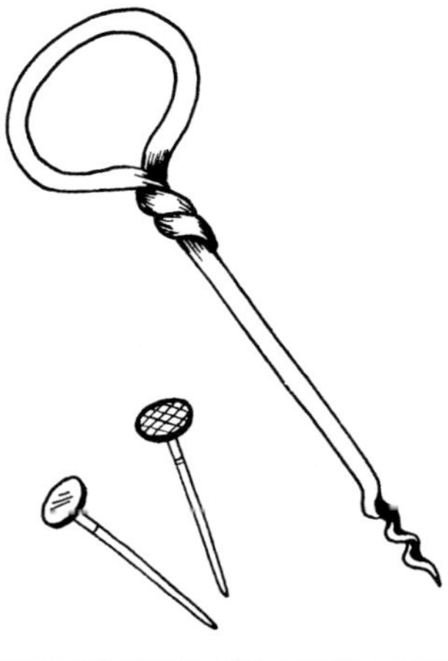

Raspel	**Feile**	**Puksäge**
	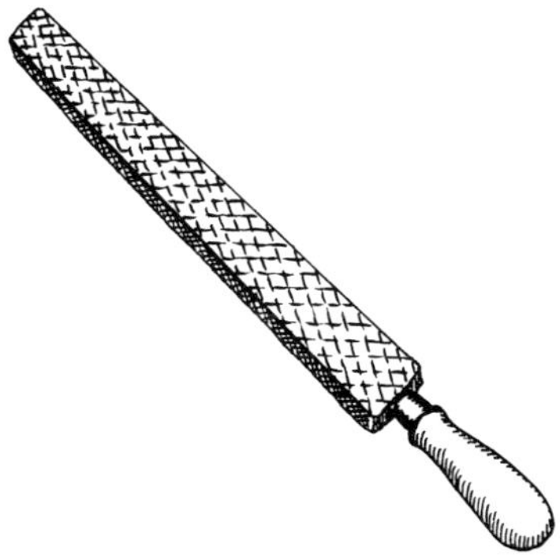	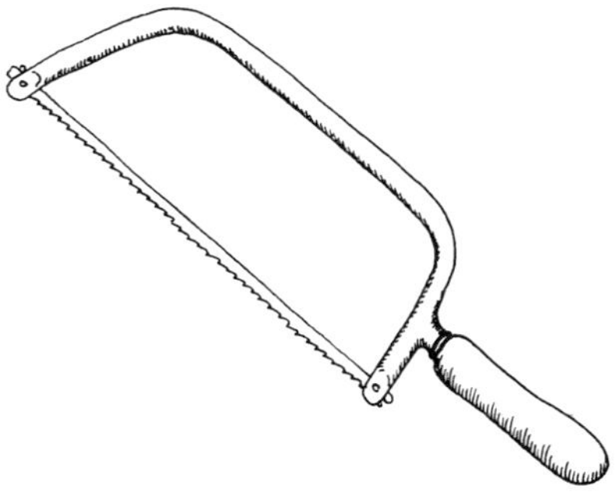
Laubsäge	**Feinsäge**	**Fuchs-schwanz**
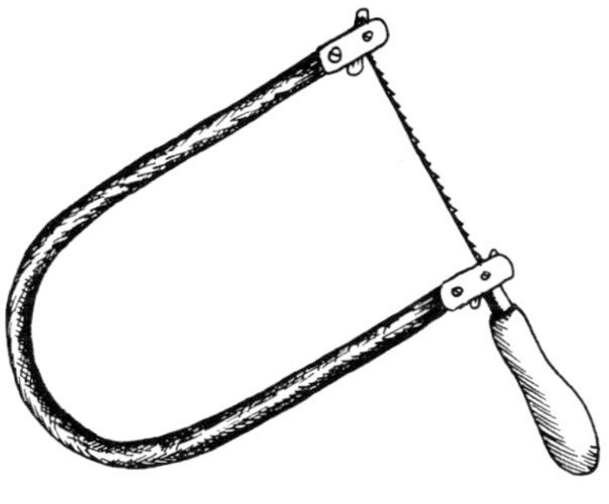	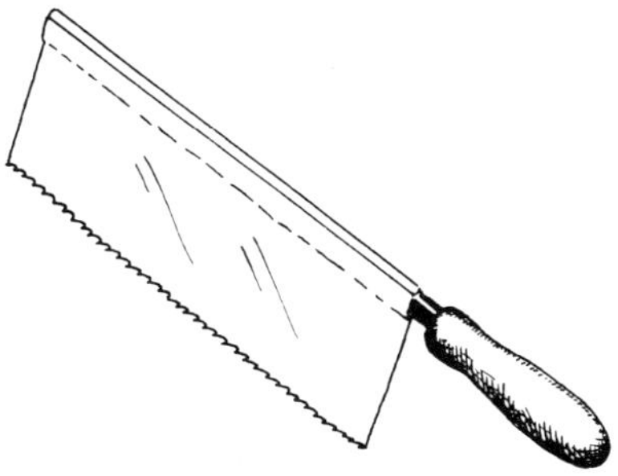	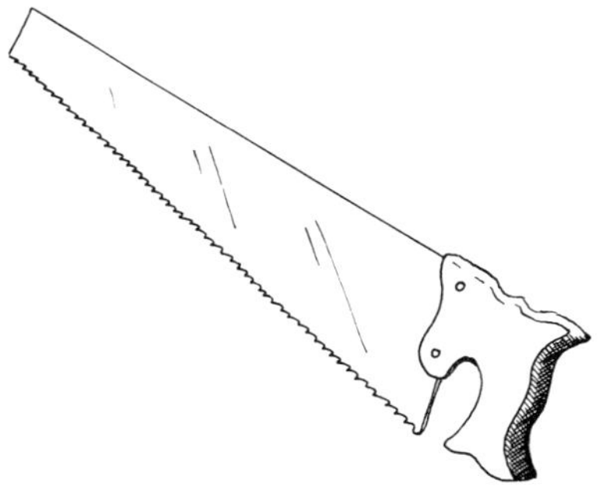

Schleif-papier	**Winkel**	**Holz-aufbau**
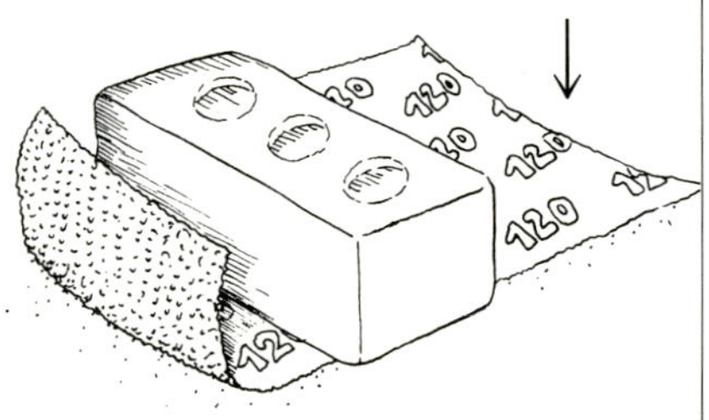	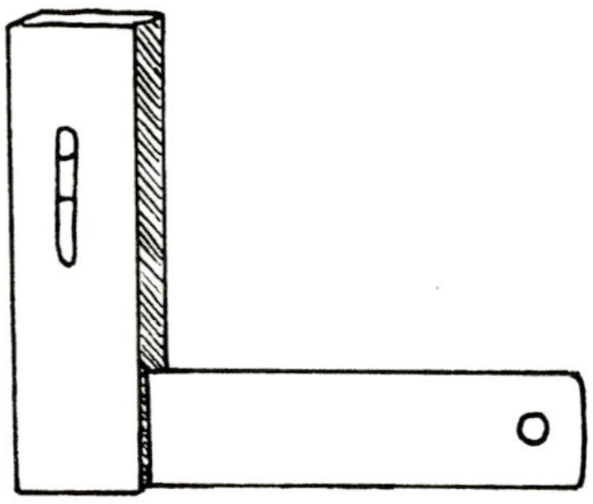	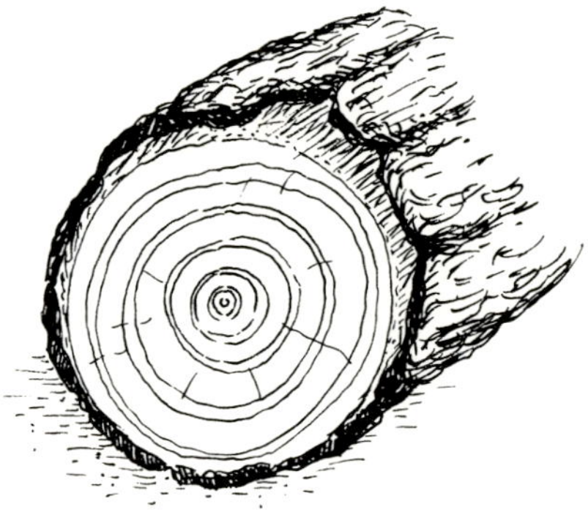
Nadel-baum	**Laubbaum**	**Hammer**
		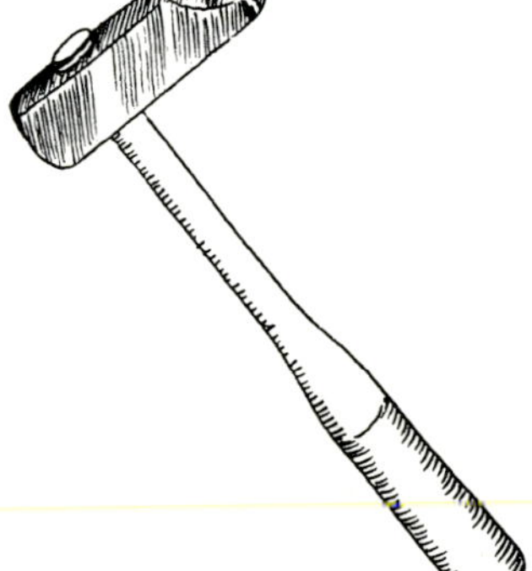

Füßchen-breit steppen	Ver-säubern	Schräg-streifen
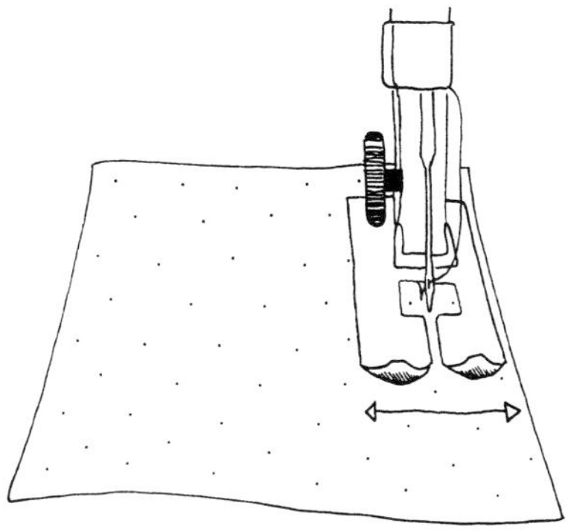	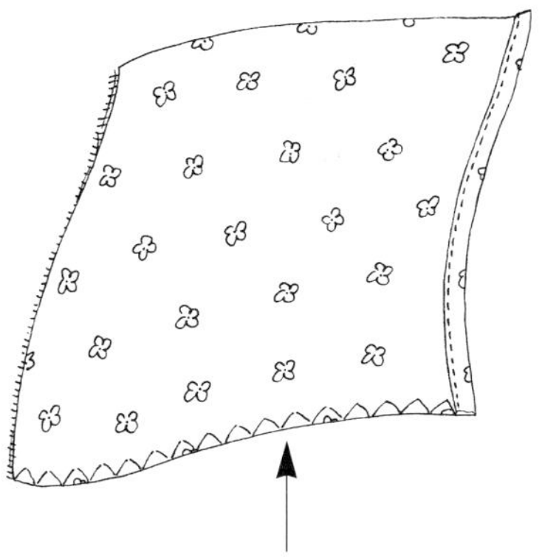	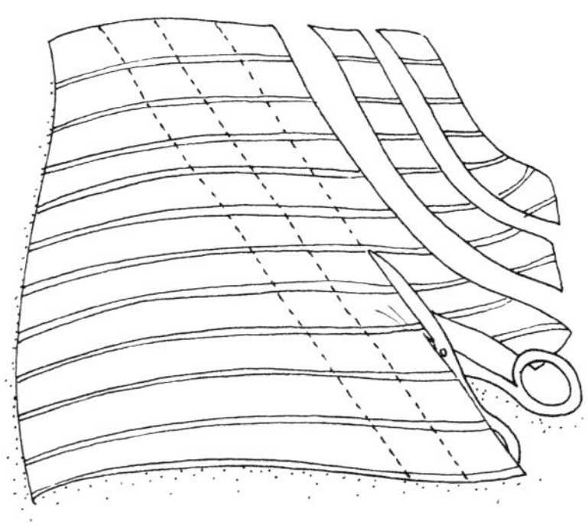
Nähwerk aus-schalten	Anlasser	Spulen
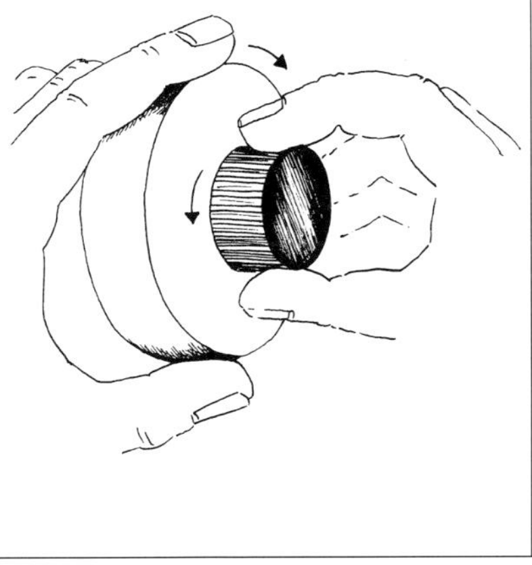	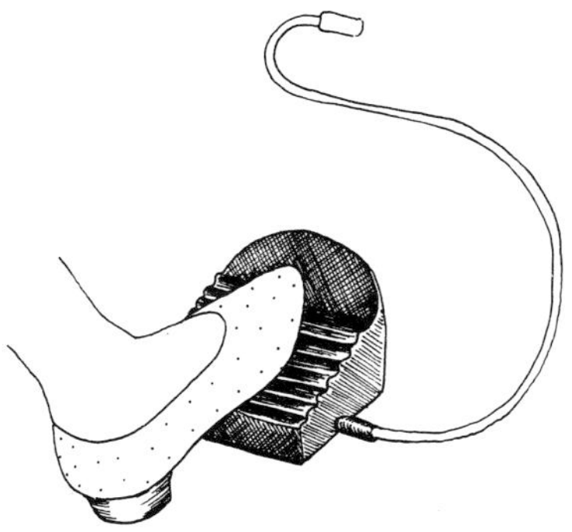	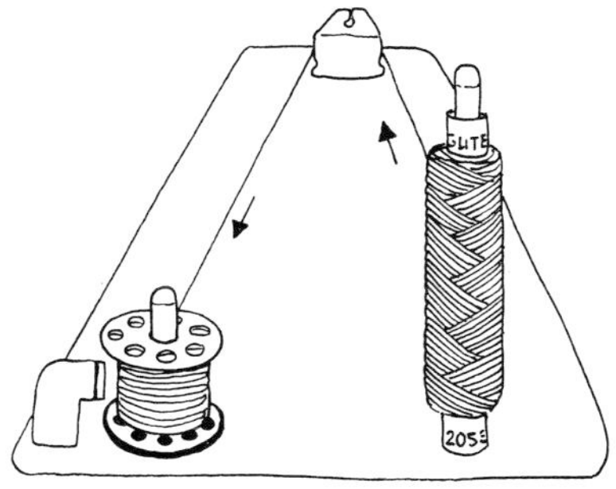

Spule	**Spulen-kapsel**	**Nähnadel**
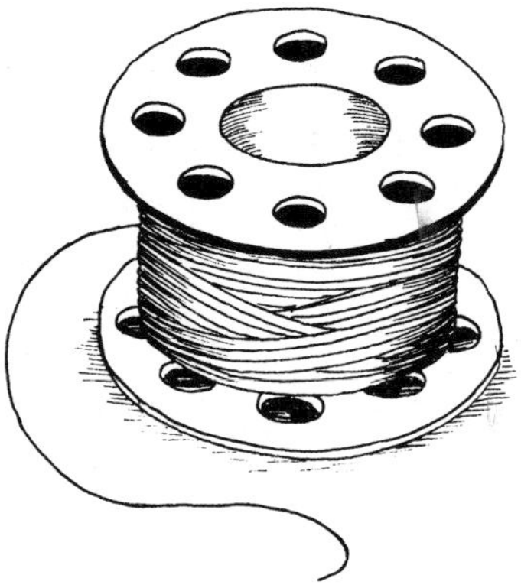	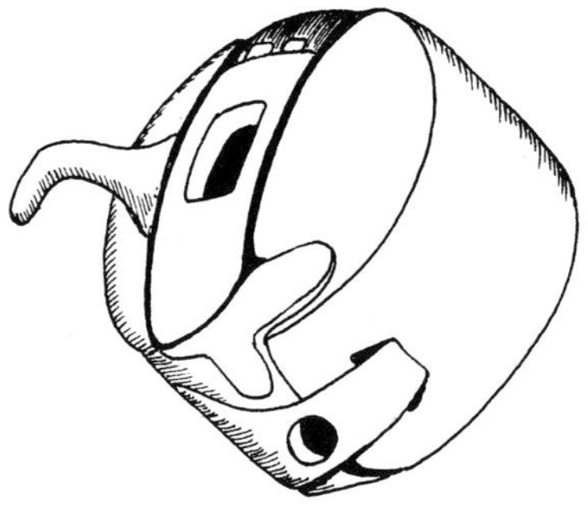	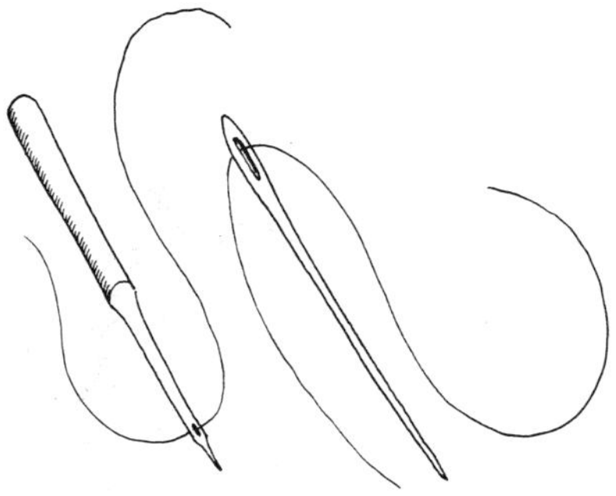
Nähfuß	**Stecken**	**Heftfaden**
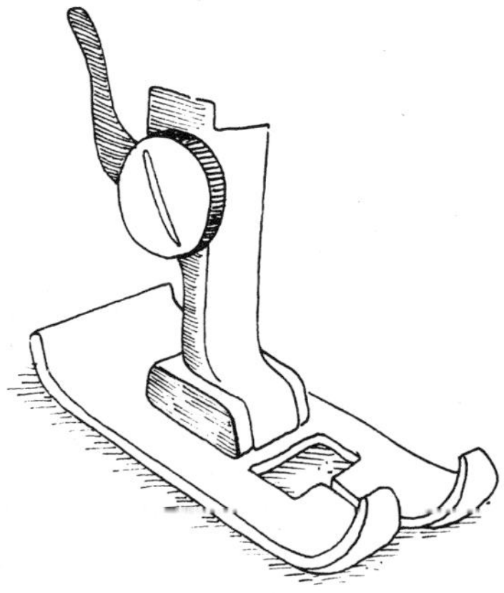	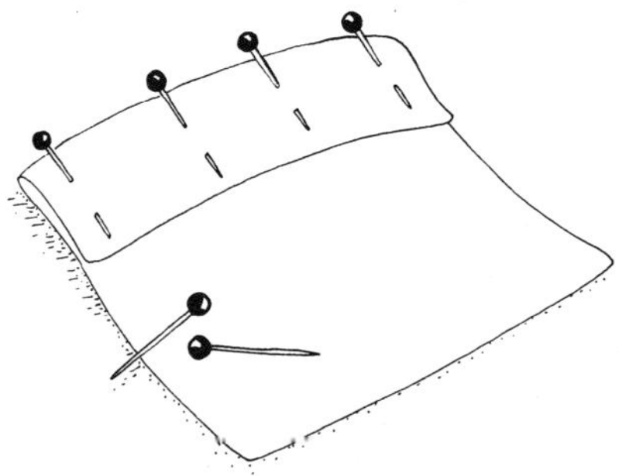	

Maßband	**Schere**	**Fingerhut**
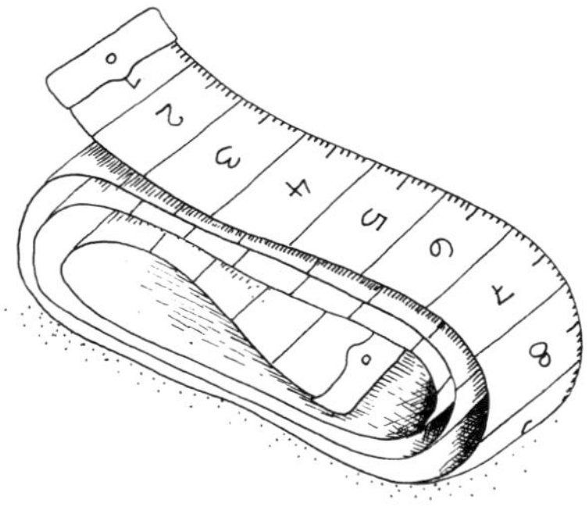	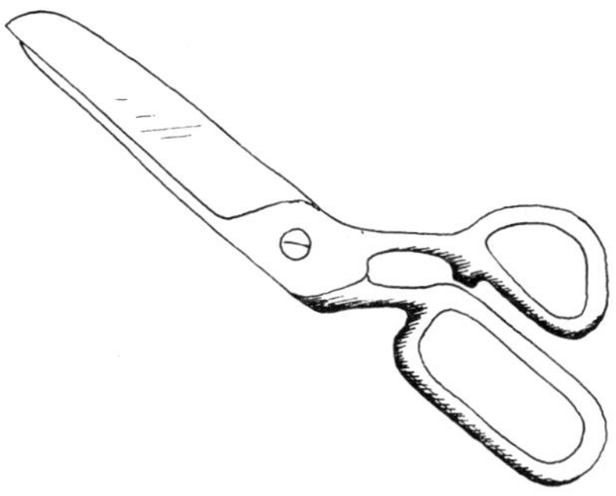	
Nähfaden	**Schneider-kreide**	**Steck-nadeln**
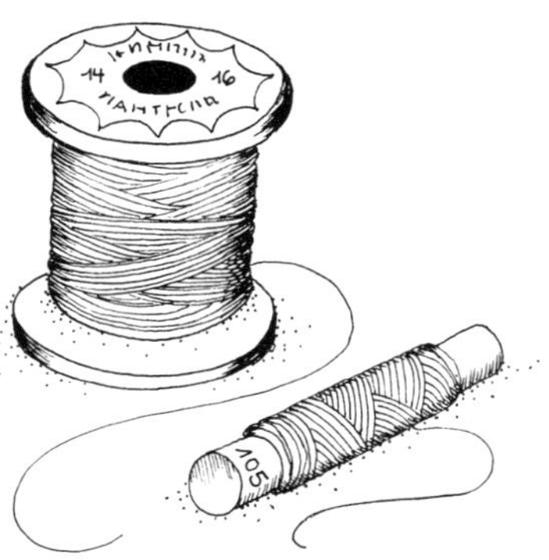	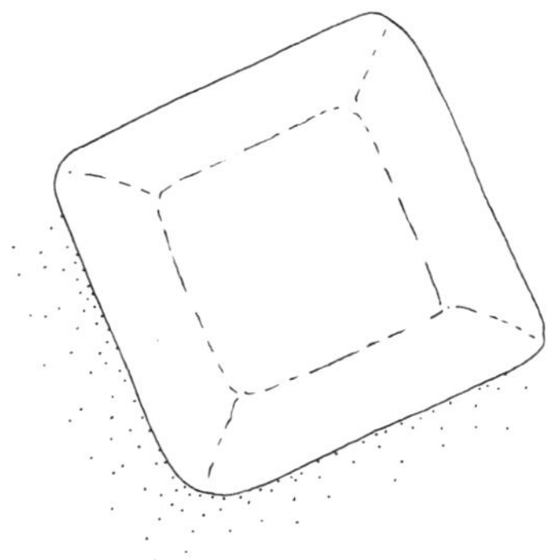	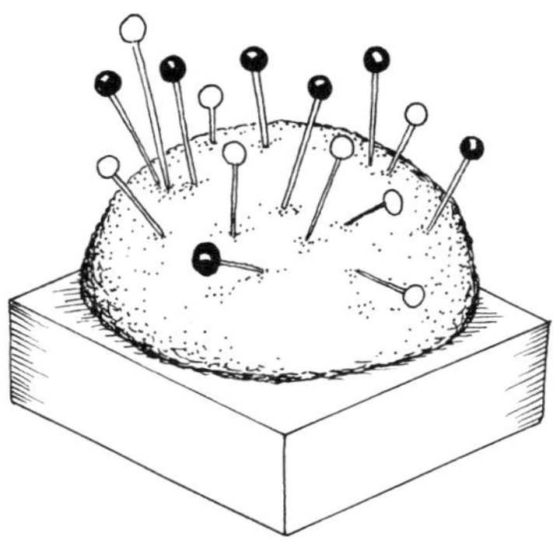

Saum	**Steppen**	**Naht- zugabe**
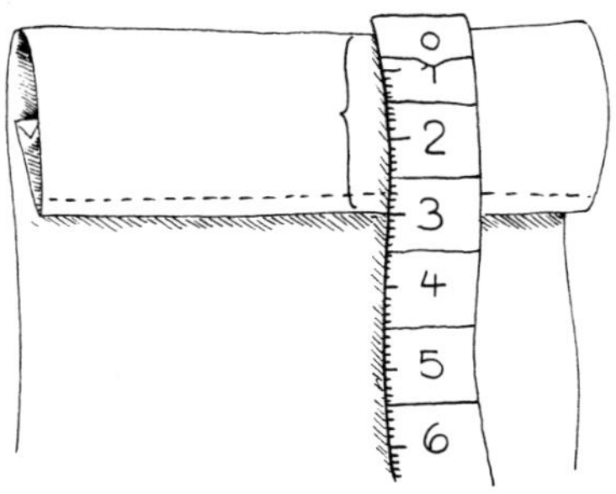	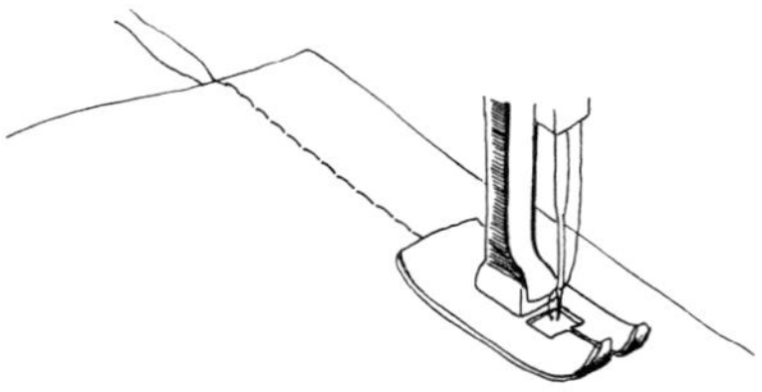	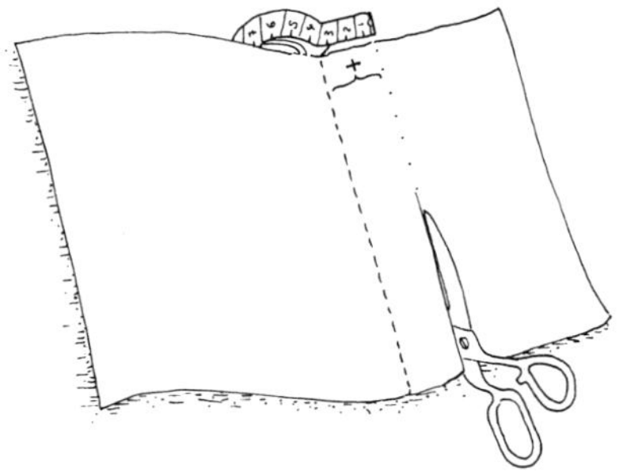
Einfache Naht	**Naht ausbügeln**	**Heftstich**
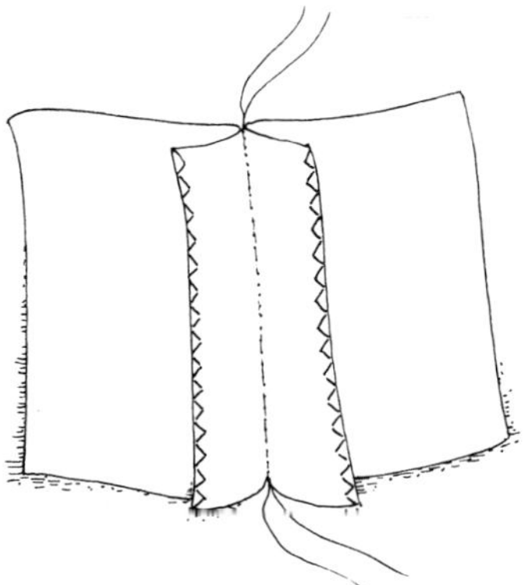	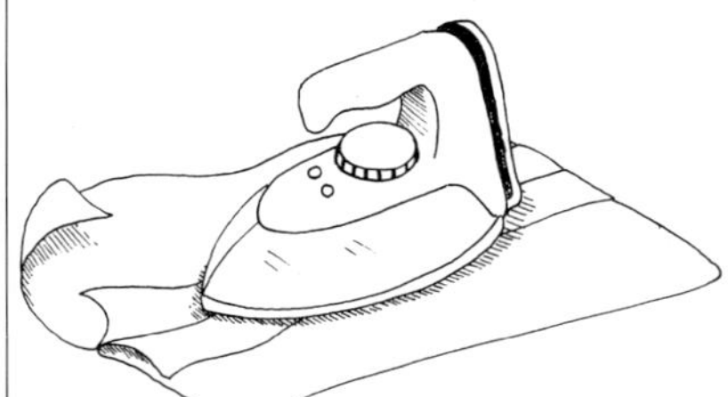	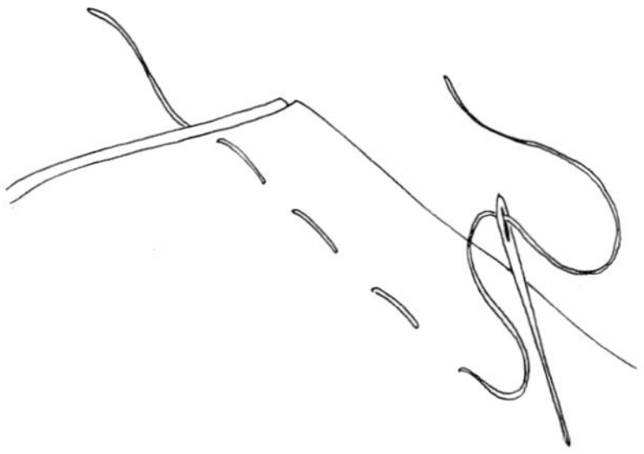

2.2 Info-Spiele

2.2.1 Spielanleitung

Info-Spiel

1. Wer die höchste Augenzahl würfelt, beginnt!
2. Gehe so viele Felder vor wie du Punkte gewürfelt hast.
3. Wenn du auf ein ?-Feld kommst, nimm dir eine Ereigniskarte.
   Hast du die Frage richtig beantwortet, bekommst du einen „Pluspunkt“.
4. Kontrolliere deine Antwort selbst oder durch einen Spielpartner.
   Lies dazu auf der Kartenrückseite nach.
5. Wer kommt schnell ans Ziel und hat die meisten Pluspunkte?

2.2.2 Spielfeld

2.2.3 Fragekarten für den Bereich „Papier“ (Karten falten und zusammenkleben)

Frage	Antwort
Frage: Nenne drei besonders leichte Papiere!	**Antwort:** Seidenpapier, Transparentpapier, Krepppapier, Pergamentpapier
Frage: Nenne drei schwere Papiere, bzw. Kartone!	**Antwort:** Tonpapier, Karton, Pappe, Wellpappe, Elefantenhaut
Frage: Wie bestimmst du die Laufrichtung eines Papieres?	**Antwort:** Durch Reißen oder durch die Fingernagel-probe
Frage: Was beachtest du beim Schneiden von Rundungen?	**Antwort:** Ich drehe das Papier und nicht die Schere!
Frage: Wie trägst du die Schere?	**Antwort:** Ich fasse sie bei der geschlossenen Schneide.
Frage: Nenne 3 Möglichkeiten, Papier zu stabilisieren!	**Antwort:** Rollen, Falten, Flechten, Falzen
Frage: Nenne drei Scheren-arten!	**Antwort:** Papierschere, Stoffschere, Blechschere, Zackenschere, Baumschere, Nagelschere
Frage: Welche Gegenstände kannst du aus Papier herstellen?	**Antwort:** Drachen, Bilder, Schachteln, Mappen, Briefpapier, Murmelbahn
Frage: Was beachtest du beim Kleben von Papier?	**Antwort:** Ich trage den Klebstoff nicht direkt an der Kante auf.
Frage: Welche Papiere lassen sich knüllen?	**Antwort:** Weiche Papiere: Seidenpapier, Krepppapier; Zeitung

Frage:	**Antwort:**
Wie nennt man das graue Papier?	Umweltpapier, Recyclingpapier

Frage:	**Antwort:**
Welches Papier eignet sich zum Falten?	Tonpapier, Schreibpapier, Geschenkpapier, Zeichenpapier

Frage:	**Antwort:**
Auf welchem Papier kannst du die neuesten Nachrichten lesen?	Zeitung

Frage:	**Antwort:**
Nenne zwei Faltregeln!	Ecke auf Ecke und Bug auf Bug legen!

Frage:	**Antwort:**
Nenne Kleberarten, die sich zum Verbinden von Papier eignen!	Klebestift, Kleister, Alleskleber, Leim

Frage:	**Antwort:**
Wie nennt man ein glattes, durchscheinendes Papier?	Transparentpapier

Frage:	**Antwort:**
Aus welchem Material wird Papier hergestellt?	Holz, Altpapier

Frage:	**Antwort:**
Nenne 2 Techniken, wie du Schmuckpapier herstellen kannst!	Marmorieren, Kaltbatik, Kleisterpapier herstellen, Papier bemalen oder bedrucken

Frage:	**Antwort:**
Was hast du immer im Textilarbeit/Werkunterricht dabei?	Schere, Kleber, Federmäppchen (mit Lineal und Spitzer)

Frage:	**Antwort:**
Wie verhältst du dich am Vorarbeitstisch?	Arme sind nicht auf dem Tisch!

2.2.4 Fragekarten für den Bereich „Ton" (Karten falten und zusammenkleben)

Frage: Wie schwer ist eine Tonstange?	**Antwort:** 10 kg
Frage: Wie verhinderst du das Austrocknen des Tons während der Arbeit?	**Antwort:** Mit feuchten Lappen abdecken.
Frage: Welche Aufgabe hat die linke Hand beim Formen der Daumenschale?	**Antwort:** Sie stützt und hält.
Frage: Welche Aufgabe hat die rechte Hand beim Formen der Daumenschale?	**Antwort:** Sie formt.
Frage: Was ist Ton?	**Antwort:** gereinigter Lehm
Frage: Wo kannst du Ton in der Landschaft finden?	**Antwort:** In Flussbiegungen
Frage: Wie heißt der erste Tonbrand?	**Antwort:** Schrühbrand/Rohbrand
Frage: Wie heißt der zweite Tonbrand?	**Antwort:** Glasurbrand
Frage: Nenne Gegenstände aus Ton!	**Antwort:** Schalen, Tassen, Kerzenständer, Figuren, Blumentöpfe usw.
Frage: Mit welcher Unterlage kannst du am besten töpfern?	**Antwort:** Holzbrett

Frage:	Antwort:
In welcher Farbe kannst du Ton kaufen?	In den Farben Weiß, Rot und Schwarz

Frage:	Antwort:
Wie heißt der Klebstoff bei Ton?	Schlicker

Frage:	Antwort:
Wie stellst du Schlicker her?	Ton mit Wasser verrühren

Frage:	Antwort:
Wie lange muss ein Tongegenstand vor dem Brennen trocknen?	1–2 Wochen

Frage:	Antwort:
Bei welcher Temperatur brennst du beim ersten Mal Ton im Brennofen?	900–950 Grad Celcius

Frage:	Antwort:
Wie heißt der Farbauftrag auf Ton?	Glasur

Frage:	Antwort:
Warum musst du den Ton vor dem Formen schlagen?	Damit die Luft entweicht und der Gegenstand beim Brennen nicht zerspringt.

Frage:	Antwort:
Nenne 3 wichtige Werkzeuge beim Töpfern!	Hände, Messer, Drahtschneider, Holzbrett, Nudelholz, Lappen usw.

Frage:	Antwort:
Wie musst du offenen Ton über längere Zeit hinweg aufbewahren?	Luftdicht in Plastikfolie verpackt

Frage:	Antwort:
Wie oft ist ein glasierter Tongegenstand gebrannt worden?	zweimal

3. Lernzirkel

3.1 Hinweise für den Einsatz von Lernzirkeln

Einen Lernzirkel können Sie zur Neuerarbeitung, Übung oder als Kombination einsetzen. Beim erstmaligen Einsatz ist der Lernzirkel zu begrenzen, denn ein Zuviel an Umfang und Wahlmöglichkeiten kann die Schüler überfordern.

Ein bereits bestehender Lernzirkel ist je nach Klassensituation variierbar, z. B.:

- Die Schüler können die Sozialform (Einzel-, Partner- oder Gruppenarbeit) frei wählen. Die Lehrerin legt die maximale Gruppenstärke fest.
- Planen von Pflicht-, Wahl- und freiwilligen Stationen. So kann man nach Neigung und Arbeitsgeschwindigkeit differenzieren.
- Abwechslungsreiche Stationen planen. Alles allen Sinnen! Lassen Sie die Schüler riechen, schmecken, hören, fühlen oder sehen. Legen Sie unterschiedliche Arbeitsmaterialien bereit: Lebensmittel, Schulbuch, Broschüren, Wortkarten, Bilder usw. Planen Sie unterschiedliche Tätigkeiten ein: Zuordnen von Lebensmitteln, Probieren, Berechnen, Unterstreichen, Beschriften, Versuche durchführen und auswerten usw.
- Wählen Sie unterschiedliche Formen der Ergebnissicherung: Tafel, Zuordnen vom Wortkarten, Pinnwand, Gestaltung eines Plakates, Ergänzung eines Arbeitsblattes usw.

Schrecken Sie nicht davor zurück, Lernzirkel in schwierigen Gruppen aufzubauen. Oft macht man gerade dort sehr positive Erfahrungen.

3.2 Lernzirkel „Papier"

3.2.1 Aufgaben

Aufgabe 1

Kennst du die Namen der Papiere?
Ordne die Wortkarten den Papieren zu.

Medien:
- verschiedene Papiere
- Wortkarten (siehe Seite 54)

Aufgabe 2

1. Falte das Papier der Länge nach mehrfach zu einem Streifen.
2. Versuche nun, den Streifen in der Mitte durchzureißen. Was stellst du fest?
3. Versuche nun, ein ungefaltetes Papier in der Mitte durchzureißen.

Was stellst du fest?

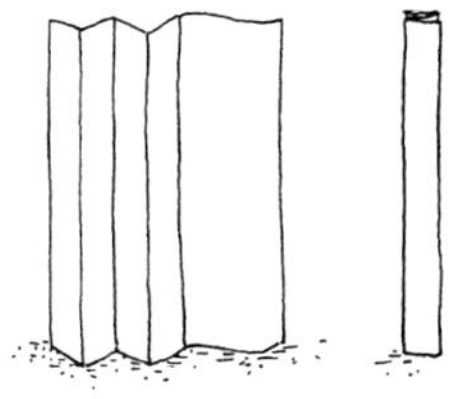

Medien:
- mehrere Blätter
- Klebstoff

Aufgabe 3

1. Rolle ein Papier und klebe das Ende fest. Die Öffnung soll mindestens 2–3 Finger breit sein.
2. Stelle die Rolle auf den Tisch und lege ein Federmäppchen darauf.

Was stellst du fest?

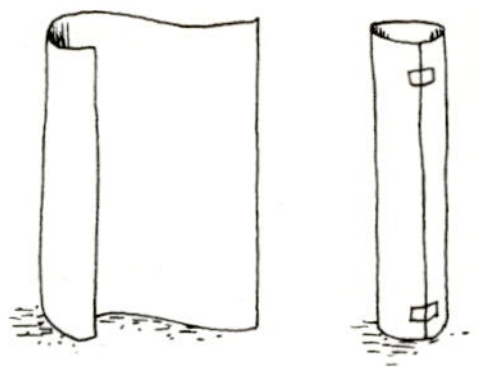

Medien:
- mehrere Blätter
- Klebstoff

Aufgabe 4

Falte 2 Kartone.

1. Falte einen Karton ohne Hilfsmittel genau an der Linie.
2. Beim zweiten Karton legst du das Lineal an die vorgezeichnete Linie und fährst fest mit der Stricknadel am Lineal entlang.

Falte dann diesen Karton.

Vergleiche nun die Buglinien der beiden Kartone. Was stellst du fest?

Medien:
- Kartone mit aufgezeichneten Faltlinien
- Lineal
- Stricknadel

Aufgabe 5

1. Reiße ein Zeitungsblatt der Länge nach in Streifen.
2. Reiße ein zweites Zeitungsblatt der Breite nach in Streifen.

Was stellst du fest?

Medien:
- einzelne Zeitungsblätter

Aufgabe 6

Spielt das Info-Spiel „Papier“. Lest die Spielanleitung genau durch.

Medien:
- Info-Spiel „Papier“ (siehe Seite 45 ff.)

Aufgabe 7

Faltet ein „Himmel und Hölle". Betrachtet die Faltanleitung genau!

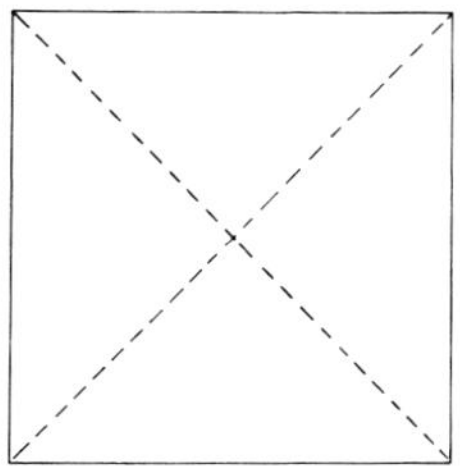

1. Falte das Quadrat zu einem Dreieck. Öffne es wieder und wiederhole das Gleiche von der anderen Seite

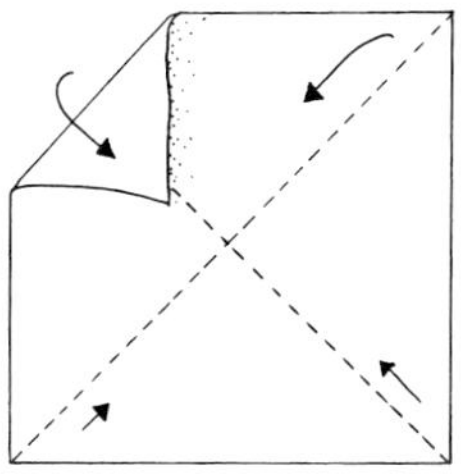

2. Falte alle 4 Spitzen zum Buglinien-Kreuzungspunkt in der Mitte des Quadrates.

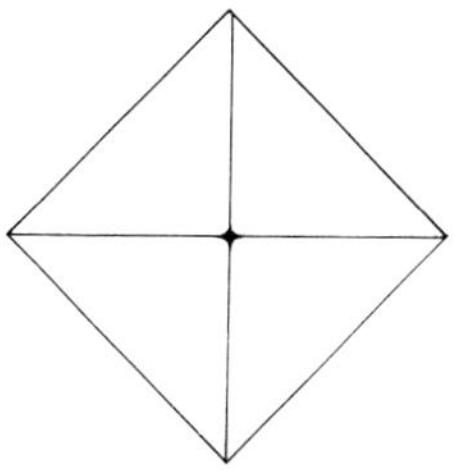

3. Drehe das Papier um, so dass du die glatte Seite der Arbeit siehst.

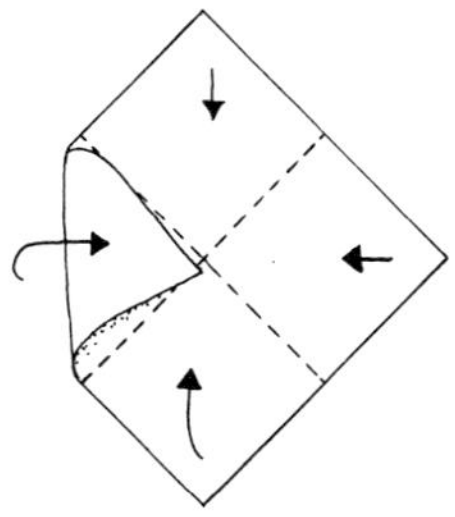

4. Wiederhole nun das Hereinfalten der Spitzen.

5. Drehe die Arbeit nicht um

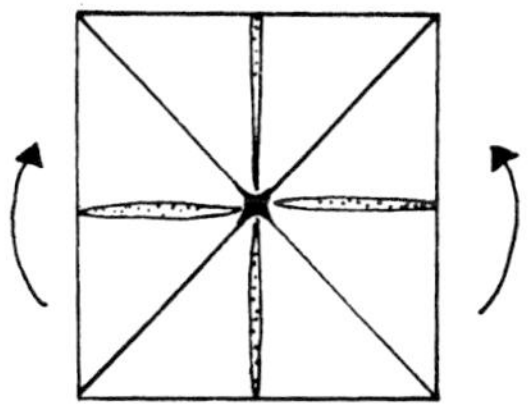

6. Falte nun eine gerade Seite auf eine gerade Seite. Es entsteht ein Rechteck.

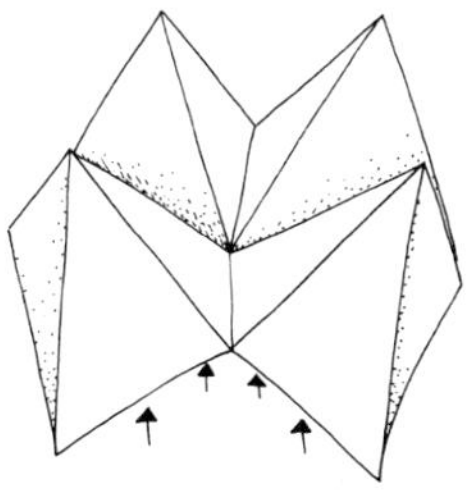

7. Auf jeder Seite sind 2 kleinere Quadrate. Gehe jeweils mit Daumen und Zeigefinger in die Öffnung.

Zeitungspapier
Schreibpapier
Seidenpapier
Transparentpapier
Buntpapier
Wellpappe
Karton
Tonpapier
Fotopapier
Krepppapier
Geschenkpapier

3.3 Lernzirkel „Holz“

3.3.1 Aufgaben

Wählen Sie für Ihre Klasse höchstens 4–5 unterschiedliche Stationen aus. Mehr würde die Schüler überfordern. Aufgabe Nr. 7 eignet sich nur als Sicherung oder Gesamtzusammenfassung.

Aufgabe 1

Drücke mit dem Nagel eine Rille in das Holz. Warum geht es bei manchen Hölzern leichter?
Welche Hölzer sind weich?
Welche Hölzer sind hart?
Ordne die Wortkarten zu!

Medien:
- beschriftete Holzstücke
- Nagel
- Wortkarten (siehe Seite 57)

Aufgabe 2

Ordne die Wortkarten den Bildern zu!

Medien:
- Bilder (siehe Seite 58 f.)
- Pinnwand

Aufgabe 3

Lies die Wortkarten durch. Betrachte die Holzprodukte und ordne die Wortkarten zu.

Medien:
- Wortkarten (siehe Seite 60)
- Sperrholz
- Massivholz
- Spanplatte
- Furnier

Aufgabe 4

Es gibt 2 verschiedene Baumarten. Befühle den Inhalt der beiden Schachteln.
Wie könnten die Baumarten heißen?

Medien:
- 2 geschlossene Schachteln mit Greifschlitzen
  a) Zapfen, Tannenzweige
  b) Blätter, Kastanien, Eicheln usw.
- Wortkarten zur anschließenden Sicherung (siehe Seite 57)

Aufgabe 5

Betrachte die verschiedenen Holzstücke.
Jedes Holz hat unterschiedliche Merkmale.
Finde zu jedem Stück das passende zweite Holzstück.

Medien:
- 2 Holzstücke von jeder Holzart, eines davon beschriftet

Aufgabe 6

Holz hat verschiedene Eigenschaften.
Lege ein Stück Holz in das Wasser. Was stellst du fest?
Gerade Holzbretter können krumm werden. Das nennt man „geworfen“. Finde eine Erklärung!

Medien:
- Wasserschüssel
- altes, geworfenes Holzstück

Aufgabe 7

Löst gemeinsam das Kreuzworträtsel!

Medien:
- Blatt mit Kreuzworträtsel (siehe Seite 61 f.)

Aufgabe 8

Spielt das Holzquartett. Verteilt alle Karten. Euer Ziel ist, 4 Karten eines Quartettes zu besitzen. Ein Spieler fragt einen beliebigen Mitschüler nach einer Karte, die ihm fehlt.
Besitzt dieser Mitschüler die Karte, so muss er sie hergeben und der Frager darf fortfahren. Antwortet ein Mitspieler mit „Nein“, so darf dieser weiterfragen.

Medien:
- Quartett „Holz“ (siehe Seite 25 ff.)

Aufgabe 9

Spielt Domino. Jeder Spieler erhält 3 Karten. Einen Dominostein legt ihr offen auf den Tisch. Wer an der Reihe ist, legt einen passenden Stein an. Wer keinen passenden Stein hat, muss einen der übrig gebliebenen Steine verdeckt ziehen.
Sieger ist der Spieler, der als Erster keinen Stein mehr hat.

Medien:
- Domino „Werkzeuge für die Holz- und Metallverarbeitung“ (siehe Seite 35 ff.)

Aufgabe 10

Ordnet die Wortkarten den Bildern zu!

Medien:
- Memory „Holz und Holzwerkzeuge“ (siehe Seite 38 ff.)

3.3.2 Wortkarten und Bilder

Aufgaben 1,4:

Weiche Hölzer

Harte Hölzer

Linde	Eiche	Fichte
Kiefer	Ahorn	Erle

Nadelbäume

Laubbäume

Tanne	Birke	Kastanie
Föhre	Nussbaum	

Aufgabe 2:

Wurzeln

Stamm

Rinde

Baumkrone

Jahresringe

Herz/Mark

Aufgabe 3:

Sperrholz

Holz besteht aus mehreren verschiedenen Holzschichten.

Massivholz/Vollholz

Holz ist durchgehend aus einem Stück Holz.

Spanplatte

Holzspäne und Leim werden zu einer Platte gepresst.

Furnier

Dünne Vollholzschicht, die auf eine Sperrholzplatte aufgeleimt wird.

Aufgabe 7:

Wer ist ein Holzspezialist? Löst das Kreuzworträtsel!

Fragen

1. Wie heißt das Holz, das aus mehreren Schichten besteht?
2. Ein anderer Name für Vollholz?
3. Nenne ein weiches Holz!
4. Wie heißt das Muster, das sich durch die Jahresringe auf dem Holz ergibt?
5. Nenne einen Laubbaum!
6. Wie heißt das Innere eines Baumes?
7. Nenne ein hartes Holz!
8. Nenne einen Nadelbaum!
9. Es gibt 2 Baumgruppen. Eine davon passt in diese Zeile!
10. Woran erkennst du das Alter eines Baumes?

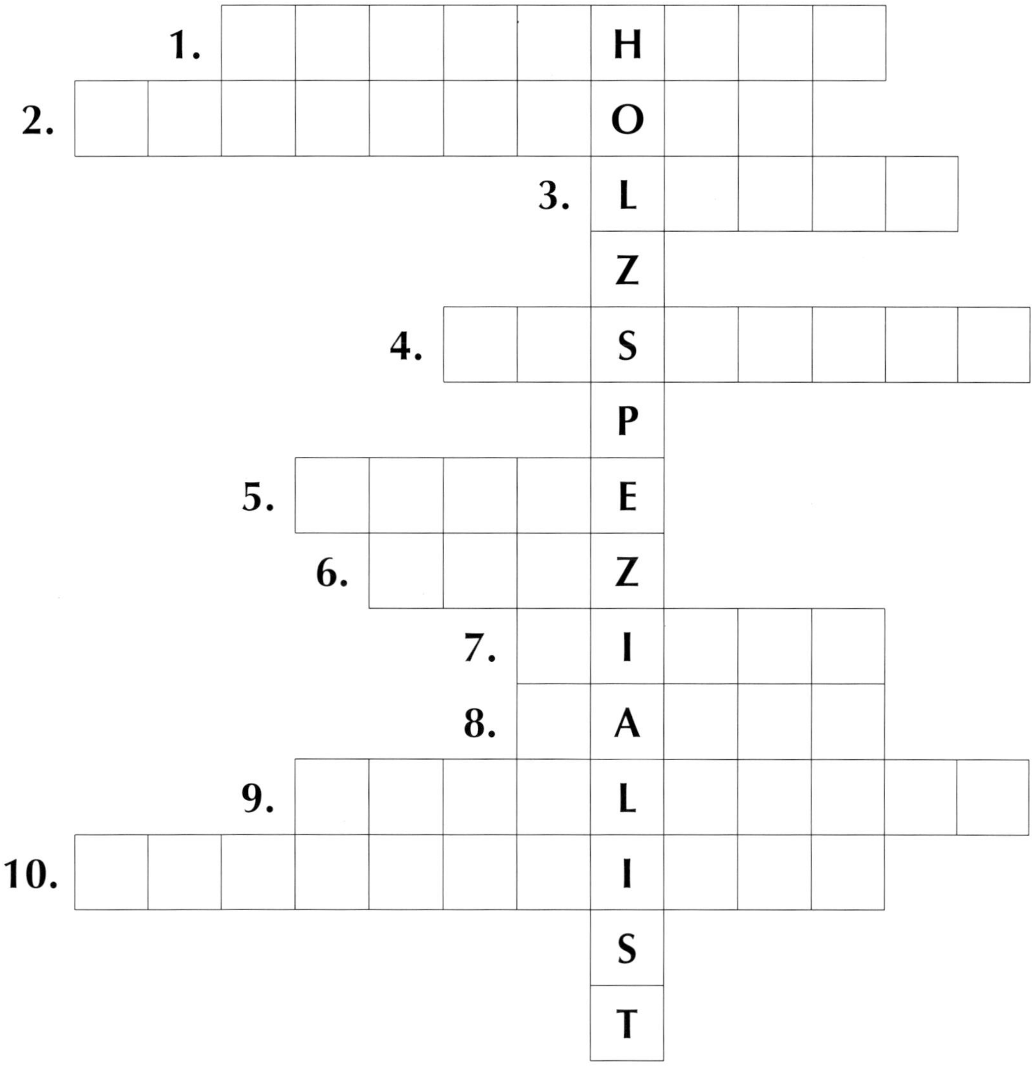

Aufgabe 7:

Wer ist ein Holzspezialist? Löst das Kreuzworträtsel!

Fragen

1. Wie heißt das Holz, das aus mehreren Schichten besteht?
2. Ein anderer Name für Vollholz?
3. Nenne ein weiches Holz!
4. Wie heißt das Muster, das sich durch die Jahresringe auf dem Holz ergibt?
5. Nenne einen Laubbaum!
6. Wie heißt das Innere eines Baumes?
7. Nenne ein hartes Holz!
8. Nenne einen Nadelbaum!
9. Es gibt 2 Baumgruppen. Eine davon passt in diese Zeile!
10. Woran erkennst du das Alter eines Baumes?

1.			S	P	E	R	R	**H**	O	L	Z		
2.	M	A	S	S	I	V	H	**O**	L	Z			
3.								**L**	I	N	D	E	
								Z					
4.						M	A	**S**	E	R	U	N	G
								P					
5.				B	I	R	K	**E**					
6.					H	E	R	**Z**					
7.							E	**I**	C	H	E		
8.							T	**A**	N	N	E		
9.				N	A	D	E	**L**	B	Ä	U	M	E
10.	J	A	H	R	E	S	R	**I**	N	G	E		
								S					
								T					

4. Schlussgedanke

Das Erstellen von Arbeitsmaterialien für den offenen Unterricht ist für eine Fachlehrerin oder einen Fachlehrer allein kaum zu bewältigen – der Arbeitsaufwand ist sehr hoch und schließlich möchte man ja auch über ein gewisses Repertoire zu den einzelnen Lernbereichen verfügen.
Wir hoffen, dass unsere Kopiervorlagen Anregung und Hilfe sind. Ein letzter Tipp: Bilden Sie doch einen Arbeitskreis, wenn Sie weitere Unterrichtsmaterialien erstellen wollen. Sie können so Ihre tägliche Arbeitsbelastung deutlich verringern.
Wenn im Vorangehenden von „dem Lehrer" oder „der Lehrerin" gesprochen wird, so sind selbstverständlich Sie, liebe Kollegin, und Sie, lieber Kollege, mit gemeint. Auch steht „der Schüler" für Schülerinnen und Schüler.

5. Literaturverzeichnis

Auer, E.; Schneitzenhammer, H.: Werken in der Grundschule. Lehrerhandbuch mit Arbeitsblättern. München (Oldenbourg Verlag/Bayerischer Schulbuchverlag)

Bosch, G.; Kapp-Telkemeyer, H.: Die Hauswirtschaft 4. Markt- und Verbraucherkunde. München 1981 (BLV Verlagsgesellschaft)

El-Gebali-Rüter, T.: Textilien für uns auswählen, herstellen, gestalten, pflegen. Klassenstufe 5–10. Hamburg 1991 (Verlag Handwerk und Technik)

G. M. Pfaff Aktiengesellschaft: Bedienungsanleitung synchromatic 1209. Karlsruhe

Keudell v., T.: Stricken und Häkeln. 50 Modelle für Damen, Herren und Kinder. 1984 (Edition Heidehof)

Knon, A.: Die praktische Hausfrau. Der Ratgeber für jeden ländlichen Haushalt. München 1990 (BLV Verlagsgesellschaft)

Lassert, U.: Alles über Holz. Kopiervorlagen zur Freiarbeit. Donauwörth 1993 (Auer Verlag)

Mette, D. u. a.: Werkstoffbearbeitung in Übersichten. Wissensspeicher für den Werkunterricht der Klassen 4 bis 6. Berlin 1985 (Volk und Wissen Volkseigener Verlag)

Schachenmayr, Mann & Cie Kammgarnspinnerei Salach/Württemberg: Das Strick- und Häkelbuch. Anleitungen für Handarbeiten mit Wolle. Ravensburg 1962 (Otto Maier Verlag)

Schneider, G.; Vesper, W.; Witzel, A.: Grundstufe Ernährungswirtschaftliche Berufe. Nahrungsgewerbe Gastgewerbe Hauswirtschaft. Hannover 1980 (Hermann Schroedel Verlag)

Terhart E.: Lehr-Lern-Methoden. Eine Einführung in Probleme der methodischen Organisation von Lehren und Lernen. Weinheim 1997 (Juventa Verlag)

Troll, Ch.; Günther, E.: Offener Unterricht im Fach Hauswirtschaft. Donauwörth 1999 (Auer Verlag)

Zechlin, R.: Werkbuch für Mädchen und für alle die Freude am Werken haben. Ravensburg 1962 (Otto Maier Verlag)

Zwerger, R.: Arbeitshilfen Textiles Gestalten (Manuskript)